希望的煉金術

在瘋狂裡淬鍊的燦爛人生

張潔心
SOPHIA J. PARKER

〈推薦序〉

善行義舉，無量功德

慧禮法師

提筆寫了又刪，刪完再寫。這書序，是貧僧最難落筆的自傳。與潔心多年相識，總是在斷炊缺糧時，才厚顏去叨擾一番。潔心的慷慨布施，總能一解燃眉之急。卻從未想過，慷慨風光的背後，卻是經歷過百劫淬鍊的人間菩薩。潔心笑臉盈盈的背後，是多少淚水與辛酸；闊綽布施的背後，又是多少匱乏與貧瘠。

見賢思齊，潔心堅毅積極、百折不屈的精神，對生命的熱愛與執著，在字裡行間盡展無遺。在那個悲劇的年代，每個人都有自己的故事、自己的悲劇。大家選擇的方式各不同，或深藏、或自憐、或嫉俗；放下而釋懷，一直都是老生常談卻又天方夜譚的說法。

潔心卻用細膩的文筆，渲染還原了時空背景，讓讀者彷若身歷其境，走過潔心生命中的每個里程碑、體會行至水窮處的困頓，乃至坐看雲起時的心境轉變。用親身體會，分享面對挫折困境時的心路歷程與轉折。

希望與感恩，縱貫交織了全書的經緯。

希望，驅動了對未來美好的憧憬；也是咬緊牙關度過困厄的止痛劑。

感恩，療癒了生命中的每個瘡疤；亦是讓靈魂昇華的不二法門。

潔心毫不保留地把自己生命中最重要的體認與秘訣，無私地分享給我們。對於身處困頓的人而言，本書是療癒止痛的阿斯匹靈；對於飛黃騰達的人而言，更是布施向善、靈魂昇華的索引。

在世道紛亂的此刻，潔心的人生分享，無疑若強心針般警醒世人，莫因困頓而灰心喪志。潔心不止物質上的樂善好施，亦在心靈精神上富裕闊綽。

潔心的善行義舉，實屬無量功德，善哉善哉！

〈推薦序〉

東吳青年學子的學習典範

東吳大學校長　潘維大

讀完張潔心女士的書稿，讓我有非常深刻的感觸，文章中多處的描述觸及我內心深處，不但令人動容，而且愴然涕下。

張女士從出生開始，即成長在一個異於常人的家庭與環境，雖然在當時的年代裡，大部分家庭皆是經濟狀況不佳，但除了家庭經濟環境不好外，加之患病的母親，更是雪上加霜。

但即便在如此艱困環境之中，張女士仍然保持樂觀進取的態度，面對困難險阻，不斷積極尋求突破。在求學過程中如是，在工作中如是，赴美國自行創業亦如是。在難以想像的艱困條件下，依然奮鬥不懈、迎面而上；永不放棄的精神，令人尊敬與佩服，實為我輩之楷模。

張女士是本校的優秀校友，東吳以擁有此校友為榮，她的經歷與奮鬥努力的過程，正可謂東吳青年學子的學習典範。

〈推薦序〉

天道酬勤，地道酬善，人道酬誠，商道酬信

陳德山

潔心是二〇一四年十月自美返臺領取經濟部頒發磐石獎之餘，應早年曾在資策會上班的同事陳子溱居士之邀，從臺北聯袂搭乘客運蒞臨舍下而交往迄今。兩人脂粉未施、衣著簡便得體，俟寒暄問候彼此坐定，接著她先告知出生時間，經由掌中手指掐算，發覺在「定富貴貧賤等訣」七道富貴部分，即占了四樣，內心不禁讚嘆一聲：「哇！好棒的格局。」

抱持「命定論」的人大抵會認為這類命盤結構，是含著「金湯匙」出生，所以將來功成名就乃屬命中註定。其實人生所謂的格局大小，除了基因、環境、教育之影響，還包括最容易被忽視的「成長論」。譬如某些生命特性適合扮演「幕僚」角色，那麼在鄉鎮公所、縣市政府、部會機關一樣擔任秘書工作，職稱雷同，彼此的職級差

距卻有天壤之別。主要關鍵在於當事人是否具有強烈企圖心，隨時把握進修、自我提升，才是確定成就高下的主要緣由。

潔心是「天機化科」坐命，三方會照「權祿」。書云：「出世榮華，權祿守財官之位。」雖出身將門之後，卻因家庭緣故，自小與弟妹均被寄養在孤兒院長大，由於缺少雙親呵護，必須配合院內的規章作息，反而有機會培育凡事親力親為、追求卓越的個性。以致離開大學後謀職、結婚、生兒育女、創業等等大小事務，皆須一手包辦。

相識這麼多年，潔心自述二十二歲隻身前往美國留學，之後跟隨從事外交工作的夫婿到過世界不少國家。一九九六年搬回美國，除了照顧兩位子女，還攻讀會計科系並考取會計師執照，曾在大公司任職一段時間，有天突然萌發「看看自己能不能做點事情」的念頭。於是秉著「轉型慈善」和「建立為客戶服務」的初衷，於二〇〇七（丁亥）年成立「鼎世聯邦顧問公司」。

草創初期異常艱辛，好不容易接到案子，對方卻不履行合約，半毛錢都拿不到，還要承擔房貸壓力。最潦倒時身上只剩下美金六百元，終至咬緊牙關，竟日以淚洗面四處借錢。弟弟極為不捨地安慰：「要哭就在家裡哭，擦乾眼淚再出去。」這句含有禪味的「棒喝」之語，讓她立馬從噩夢中甦醒過來，也很慶幸及時獲得華人慈善家李志翔先生的相助，貸到二十萬美元。

「諸星問答論」在「天機化科」入女命吉凶訣項下的賦文註釋，分別是：「天機女命吉星扶，作事操持過丈夫；權祿宮中逢守照，榮膺誥命貴如何。」「化科女命是良星，四德兼全性格清；更遇吉星權祿湊，夫榮子貴作夫人。」

在不斷遭拒的過程，促使她逐漸展現「作事操持過丈夫」的能耐。皇天不負苦心人，適逢有位聯繫多次的政府官員推薦一筆小生意，介紹她和某承包商洽談。沒料到這位包商卻是正要找人接棒的年長者，但好心建議再去跟第三個人商量。難得有條線索上手，當然即刻安排登門拜訪，邊喝咖啡邊聊天談了許久，對方才表示願意把生意留給她做，就這般捱過三關始拿到第一份小額合同。

每次接到訂單總是兢兢業業，不敢掉以輕心，憑藉苦幹實幹的精神，贏取客戶信賴。營業額遂在三年內翻了五十倍，包括太空總署、國土安全部俱有業務往來，迅即躍升為馬里蘭州成長最快的中小企業之一，諸多獎項與榮耀亦於臺美兩地隨之而來。

這段經歷讓她深信：「做事一定要有耐心，也許要等很久，但門開了之後就不斷有機會加入。所以永遠不能沮喪，每天都要充滿希望。」這些感觸，正是驗證了「不經一番寒澈骨，焉得梅花撲鼻香」。

有一年同樣回來接受表揚時，神采奕奕地和我研討往後的發展趨勢，希望可以儘早將公司由目前大約兩百人的規模，擴充至五百人。基於她命身宮奴僕星曜概屬吉凶參雜的組合，就如書云：「尊星列賤位，主人多勞」、「必因奴僕所破」、「強奴壓主」、「欠力怨走」等語，雖會照「魁鉞」，奈何助力有限。因此，直言：「這股雄心壯志固然令人敬佩，唯目前以優先訓練現有的伙伴，如何達到五百人的績效，才是首要之務。增聘人手容易形成『三個和尚沒水喝』的後遺症，將會帶來負擔，更是本末倒置的作法。」

俗話說：「請神容易送神難。」潔心因為聘用欺上瞞下、邀功諉過的人事經理，搞得公司雞犬不寧、雜亂無章，那段期間她非常困擾，夜夜難眠。

二〇一九（己亥）年十二月二十九日則接獲電傳告知：「公司的狀況從去年十二月到上個月都不太穩定，主要是人事上的問題。幸喜五十多年沒見面的表弟過來幫忙，他是很棒的醫生和專業領導。現在冗員幾乎都走了，這個月已開始好一點，對公司有很顯著的加分作用，真是生命中適時出現的貴人。」

行運有週期循環的現象，亦如閩諺「三年一閏，好歹照輪。」比喻人事變遷，好的壞的輪流來，沒有永遠的贏家，也不致於一輩子倒霉。上述這些紛紛擾擾，雖然碰巧發生在「豬蛇」之年，卻證明擴編人力對她的命理條件而言，並非是開拓業務的唯一選擇。

潔心具有悲天憫人的高尚情操。事業有成後，便將愛心遍佈許多國家和地區，足跡涵蓋雲南、貴州、西藏、尼泊爾等窮鄉僻壤。二〇一二（壬辰）年底抱著歡喜心遠赴阿富汗協建圖書館、電腦室，二〇一三年正式成立**IDEA**基金會，為貧困國家的婦女、兒童提供健康服務、技能培訓和財務贊助，並於二〇一四（甲午）年邀兒子前往喀布爾擔任短期義工。

二〇一九（己亥）年六月間返臺時，另邀長年定居香港之同父異母的兄嫂，由我充當導遊安排宜蘭行程，該晚住宿寒溪原住民部落，並引薦曾派駐雲南照顧痲瘋病患多年的高神父與她認識。席間神父提起山區遼闊，缺少接送小學童和行動不便之老人家的交通工具。她二話不說，慨然允諾捐贈教會企盼已久的七人座休旅車。回到公司，隨即囑咐秘書直接匯款至指定的戶頭帳號。

很榮幸，我被委託為移交見證人，猶記得有件奧妙的事，值得在此分享。舉行儀式幾天前，氣象局還預報當日將有強烈颱風侵襲，結果竟臨時偏北五十公里而躲過一劫，遂在風和日麗的天候下，由高神父圓滿主持。返家途中，我認為這是上天順應潔心的義行善舉，和虔誠信仰之念力所顯露的「神蹟」。

長期浸淫「紫微斗數」，因而見識了「紳士、流氓、大班、博士」等等不同的人世百態。潔心生性純厚樸實、待人忠誠溫謙。係屬：「勤於禮佛，敬乎六親」、「循直無私，臨事果決」、「因作群英師範」的格局，大家若有機會和她相處，就能從她身上感受一股令人欽羨的活力。

二〇一九年七月，她的英文自傳《希望的煉金術》（*The Alchemy of Hope*）出版發售當天，登上了亞馬遜的暢銷書榜。她將自己伴隨精神失常的母親、于臺灣孤兒院長大、延伸至美國成功創業的精彩歷練寫出來，希望激勵更多人勇敢面對生活。從中更可以體悟她今日的成就，全然來自「勤、善、誠、信」四大原則的堅持。二〇二二年，這本巨作的中文版在華人地區發行，勢必掀起另一波購買熱潮。

感言

我的生命旅程從臺灣開始，爾後遍及世界不同角落。寫這本書，是為了整理自己的過去，讓自己做好準備，準備為未來打造充滿愛與熱情的新生活，也分享我的故事，希望讀者們能從中找到你生命中的夢想與希望，然後勇往直前！

我親愛的兩個孩子友芸（Anna）和友文（Michael），謝謝你們的陪伴！請你們知道，不論在我生命中的高峰或低谷，你們總為我帶來陽光和希望；我邁出的每一步，心中都有你們。我盼望你們理解這個不完美、傷痕累累的母親，也請在我的故事中找到你們勇往直前的力量，開創你們與生俱來的幸福。謝謝你們忍受我的掙扎，原諒我犯的錯；我承諾我會好好照顧自己，保持快樂、健康。永遠愛你們！

最後，我要感謝我的大學同學，本班才子鍾仙華先生。在我打算放棄出版的時候，他仍熱心地為我奔走尋找出版商，並聯絡上臺灣最棒的城邦出版集團。也感謝城邦的彭之琬女士和鼎世的劉洋於今不厭其煩地編輯和修改。

謹以此書獻給我可憐的母親、無奈的父親，以及鼎世所有的員工，感謝你們成就了這個企業！

目錄

弄瓦云何羨弄璋，
人悲伯道慶汾陽。
勤王古美秦良玉，
教孝教忠在義方。

——一九五七年四月一日，
父親張愷仇為女兒張潔心出生作

第一章

我的人生這樣開始

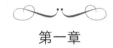

這是我生命中最初的記憶之一，深深地藏在心中黑暗的那一角……

驚訝的喘息聲，我還是個幼兒，我努力尖聲哭叫。

一次又一次被往下壓，我無法呼吸，一片黑暗。我的頭浮出水面，我劇烈咳嗽，水花四濺，哭叫聲越來越大。

我恐懼、我驚悚、我叫著，我倒抽一口氣、再驚慌大叫，不停尖叫。

「不要讓她殺死我！」

鄰居和他的妻子，從水缸裡拉出我溼透的小身體；他們從我母親手裡把我救了出來！

「妳那時才兩歲。誰告訴妳的？」父親問。

沒有人跟我描述這一幕，但是我記得。我知道那是真真實實發生過的事。我也許花了將近二十年才記得，但是我打從心底知道，母親把我的頭反覆壓進庭院的水缸裡，我大口喘氣、掙扎求生。

不知為什麼，我的尖叫聲讓鄰居覺得不對勁。

那真是奇蹟，因為幼年時的我經常尖聲哭叫，那一天、那一次的叫聲有什麼不一樣？他們為什麼會趕來救我？

那是發自本能的叫聲，一個靈魂在向其他的靈魂求救，是心與心的溝通，傳達出我的恐懼和求生的決心。

「不要讓她殺死我！不要讓我死掉！」我的靈魂在吶喊著。

當我年歲漸長，我發現很多真實不變的道理，其中最重要的絕對是：「我還活著，一定有個理由。」從母親反覆把我壓進水缸的那一天起，生命一次又一次向我證實這個真理。

我到今天依然活著，並非偶然，你也是！我們所有人被放在這個世界上，都有一個理由，也許是為了要改變或創造只有我們能做的某些事務。每一個人都是獨特的，每個人都肩負獨特的使命。我們延續祖先的腳步，同時在地球上留下印記，讓後人追隨。每個人的生命都有不同的意義。

親愛的讀者，你現在還活著，一定有個理由！

像我這樣的女人，如果你從我的家庭背景來預測我的日後，應該和今天的我差異很大吧！

我出身於臺灣的眷村（我是在雙園新村出生的），父親是一貧如洗的陸軍上校，我母親很年輕就患有精神疾病，很難想像我能有光明的未來。但是，我不但從臺灣到美國，在美國開創了自己的事業、建立了我珍愛的家庭，甚至唸了哈佛商學院。

現在想來，連我自己都覺得是一個奇蹟。

希望，是我生命奇蹟很重要的元素。我相信只要懷抱希望，什麼事都是有可能的。

就和生命一樣，希望從非常細微的火花開始，隨著時間，希望漸漸聚積熱力，最後發光發亮。一開始微小的希望，可以如同火焰般越燒越烈，形成可以改變世界的力量，創造出美麗並且恆久的事務。

小火花的記憶：一個生命的誕生

回顧我的出生，像夢一場，很難描述。我彷彿漂浮在天花板上方往下看。那是我們在眷村裡的小房子，有一張木床，我看到父親和我的兩個阿姨站在床沿，圍繞在努力想把我生出來的母親身邊。母親原本規律的心跳逐漸加速，安全溫暖的黑暗空間漸漸消失。

我既在她的上方，也在她的身體裡。

母親大口吸氣、集中力量，用力向下推擠，但是沒有任何動靜，一點進展也沒有。她沮喪不堪、筋疲力竭，決定放棄，整個人癱倒在床上。

母親蜷起身子、閉上眼睛，我可以感覺到她的疲累、痠痛，但是下一秒，她的心跳突然變得狂亂，她放聲大叫。

圍繞四周的通道輕輕推擠我，我聽到自己的心跳和模糊的交談聲。心跳變得更急促、更大聲；說話的聲音也似乎越來越清楚，一切突然加速，叫聲和說話聲同時變得清晰。此時，我看到一扇白色的窗戶打開，一隻手伸向我。接下來的事我就不記得了。

我出生之後，父親發現母親越來越不對勁，她充滿敵意、疑神疑鬼，衝動魯莽、喜怒無常，時常出現不理性的行為。

她可能很多天不洗澡或不換衣服；她不停抽煙、喝酒、罵人，或是拿著菜刀在房子和院子裡走來走去、對路人大吼。

有人說，有些女人生了孩子之後會出現精神分裂的症狀，進而發展成思覺失調症，尤其是在缺乏支持、生活困難、加上遺傳因素的情況下。

父親知道母親有問題，明白她必須就醫，不然很可能傷害自己或別人，但他還是留我一個人和她在家裡。我大到會說話之後，曾經告訴父親我很怕母親，他同情卻無奈地說：「不要怕，她不會傷害你。她是妳媽。」

她把我壓進水缸裡、試圖淹死我的那天，父親正好跟楓姨去看戲。

楓姨和我們沒有血緣關係，也不是姻親。母親看到丈夫與另一個女人外出，把她留在家裡，必然讓善妒的母親憤怒不已。

發生恐怖的水缸事件後，父親請楓姨來家裡與我們同住。他知道不能把我單獨留在家裡給母親照顧。

但我不是一個容易相處的小孩，我時常吵鬧哭泣。楓姨無法忍受哭鬧的行為，所以她經常打我，每次我吵著求楓姨帶我一起出門，她總是用藤條打我的腿或屁股。這種管教小孩的方式在當時的臺灣很尋常，大人們經常用藤條鞭打小孩的。

藤條打下來真的好痛！可是我不想留在家裡，因為我不知道母親何時會發瘋或大聲抱怨什麼事，所以楓姨到哪兒我都想跟；這簡直把她給氣壞了。

儘管被打是很痛，但是我願意忍耐，因為楓姨有時會禁不住我的要求，而帶我一起出門，讓我暫時離開那個瘋狂的母親。

我們會坐上人力車，一起去看京戲、黃梅調，或看電影。我到現在還記得她帶我去看「梁山伯與祝英台」，這部電影風靡整個臺灣，很多人和我們一樣，看那部傷感的黑白電影的次數，多到數不清。電影到了尾聲，那對不幸的戀人撒手人寰，靈魂從墳墓中化做一對彩蝶，雙雙飛去，再也不分離。離開電影院時候，每個人都哭紅了眼，彷彿是剛參加親人的喪禮。

那份堅貞的愛讓我覺得很感動，不過我當時還不了解其中原因；長大後，我慢慢理解到，是那份堅貞的愛情讓他們面對絕望的處境時，卻依然抱持在一起的希望。又或是死亡不是結束，而是另一個開始。

母親和我都被送走了！

我四歲時，楓姨因與父親一言不合而離開我們、回去香港。我還太小，不了解真實的原因。我父親年輕時意氣英發、風流瀟灑，他們之間的關係並不單純，不只是普通朋友。

父親知道不能留我一個人和母親在家，加上父親也不知道怎麼照顧我，最後父親採用他認為最好的安排：把母親送到精神病院，同時把我送給他的遠方親戚當童養媳[1]。收養我的家庭姓毛，我也改姓毛。我和未來的丈夫睡在同一張床上，一起長大。

他的母親也變成了我的母親。

父親的第一任妻子就是童養媳，所以在他的認知裡，把母親送到精神病院後，再把無人照顧的我送給別人當童養媳，是順理成章的事。

毛家和父親有些親戚關係，毛伯伯是我父親第一任妻子的父親在天門縣毛家村的人。父親是天門縣張家村的人。父親老是說「人不親土親」，到了臺灣以後，只要是天門縣的人都成了遠房親戚。

父親會不時前來探望我，順便打打牙祭、打個小牌，同時也打打這個不聽話、愛哭的、吵著要回家的我。但是住在毛家一段時間後，我生了重病，毛家不希望我死在他們家裡，免得觸楣頭；於是叫父親把我接回家。他們不要我了！

回家後，我很長一段時間都躺在床上，我可能是出麻疹吧。父親把我的雙手用毯子綁住，以免我抓傷自己的臉。父親說我必須出汗退燒，這樣身體才會好起來。我對

1童養媳：把女兒送到別人家當童養媳是中國長久以來的傳統，後來法律明文禁止。在過去的觀念裡，女兒生來就是賠錢貨，遲早要嫁人，只是多一張嘴吃飯。父母把女兒送走，也會收養女童，以童養媳的身分照顧家中沿續香火的兒子。

這段時期的記憶斷斷續續，只知道那時經常一邊發燒、一邊做夢，有時焦躁不安，有時又筋疲力竭。

那陣子我做了一個永遠忘不了的夢，母親在夢中警告我說：有一天我也會發瘋。她面無表情、反覆地說：「妳到時候就知道了。」

我大哭著驚醒，全身不停顫抖。那可能是我第一次意識到自己有一天可能像母親一樣，不過絕對不是最後一次。

身體終於復原後，毛家沒有要我回去的意思。父親讓我做毛家童養媳的美夢就破碎了。我又改回姓張。好玩的是，我還是繼續叫毛媽媽為「媽」，一直到我成人、出國，都沒改口。

不得志的父親，遇上悲慘的婚姻

小時候，我們住的眷村叫「大庭新村」，建立於一九六一年，大庭新村位於臺北的郊區板橋，當時還是個鎮。主要的住戶是由位於臺北市南機場的「雙園新村」搬遷過來的。當時臺灣常因颱風而水災災情嚴重，南機場的眷村在一九五九年因水災被毀，所以國防部另外建了眷村，把大部分眷村居民，在一九六一年從南機場的雙園新村搬遷到板橋。眷村建好了以後，當年的參謀總長彭孟緝說：「這裡就像個大家庭一樣」，所以就命名為「大庭新村」。

這是陸軍的眷村，男人們同在一個單位工作，也同住在一個眷村裡，上下班有公車接送。父親很不喜歡這個眷村，村裡的人老是在他的背後指指點點的。也許是笑他有個發瘋的太太、滿街亂跑沒人管教的兒女，甚至也嘲笑他和某位鄰居太太的風流韻事吧！

我的父親本名張法生，民國初年（一九一一年）出生在窮苦的湖北省天門縣張家灣。他的父親張方棟，繼母張胡氏（其實就是沒有名字）。父親的生母在他七歲時因難產過世；他是繼母照顧大的。

父親從小聰明過人，四歲就在私塾裡隨著大孩子一起讀四書五經。他因為個子太小，還曾經掉進茅坑，是他的表哥把他救了出來。

父親在三十多歲就當上了國民黨的陸軍少將，在國民黨連連敗退時，父親也一路從上海到貴陽、到雲南，還曾和孫立人將軍在緬甸打游擊戰。

父親到臺灣的故事也頗為傳奇，而且是根本沒想要留在臺灣的。

據父親說，在一九五四年的某一天，父親陪同指揮官李彌一起到臺灣與蔣介石總統開戰略會議，父親和他的長官及團隊們認為只是短暫來臺灣，很快就會回緬甸，因此只帶了一天的換洗衣物。結果哪裡知道這是一場鴻門宴。

蔣總統聽到謠言，說這位李彌將軍與美國中央情報局合作，打算在緬甸的金三角一帶搞獨立，所以蔣介石總統假借開戰略會議的名義，把他們騙到臺灣。他們的飛機一降落在臺灣，就被戴上手銬、關進監獄。父親並沒有關很久，應該是調查後證明父親並沒有參加和美國中央情報局的區域獨立討論。

父親從監獄獲釋後，從少將降級成了上校，調到聯勤總部擔任文書的職務。擔任文職收入和配給都很微薄，父親一直悶悶不樂。後來他決定去學英文，也許認為可以因此多賺點錢或升職。他到一所補習班註冊學英文，結果，在那裡認識了一起學英文的母親。

我的母親姓張，名樹芸，出生於一九三七年六月二十六日。她的老家在瀋陽，父母都是滿族人。外婆生了八個女孩、一個男孩，母親是第六個女孩，所以綽號叫「小六」。

我的外公張乃恒，字子九，曾經是國民黨陸軍中將。外公疼小老婆的一家人，所以從中國逃難到臺灣時，他包下一整架飛機，不僅把他們一家人帶出來，連傢俱都一起運來。而外婆一家人、連同九個小孩，則是坐太平輪到基隆。

外公到了臺灣後不久，就從軍中退伍，開起了一家名為「第十信用合作社」（Number Ten Trust Corporation Banking）的合作社。外公的工作非常忙碌，加上他得養兩個家，所以無暇照顧外婆這邊的親人。我的外婆患有思覺失調症，從來就無法照顧早熟的小六和其他孩子。據我三姨說，她們全是奶媽帶大的。奶媽們打人或是虐待她們，她們也不敢吭聲。大阿姨和二阿姨很早就結了婚，逃離這個家庭。幾個小的阿姨們則是團結起來保護自己。

三姨說她有一次意外在後花園裡見到父親，她還問傭人「這個又乾又瘦、從媽媽後花園裡走出來，摸摸她的頭的人是誰？」結果傭人的答案居然是「你爸爸」。

三姨告訴我，我的母親很黏我的外婆。外婆因為生病、喜怒無常，在這種環境下成長的孩子，經歷想必很不尋常。

孩子天生依賴母親，母親無法仰賴時就可能引發焦慮型的依戀，這段過程對我的母親來說絕對是很難熬的。

三姨還告訴我：外婆常因為生外公的氣，或是找不到這位花天酒地的老公，就會半夜到小孩住的後花園，把小孩抓起來痛揍一頓。

我的母親長得特別漂亮又乖巧，外公非常疼她。但是外公很少回家，為了得到外婆的愛，我的母親什麼都肯做。

三姨說，在我母親十五歲時（一九五二年），外公把外婆送到精神病院，我的母親堅持要和她的媽媽一起——她太需要媽媽的愛，離不開媽媽——所以自願在精神病院住了兩年。我無法想像那段經歷對母親造成什麼影響。

外婆和母親從精神病院出來後，回到了位於木柵的大房子。這時家裡只有外婆、母親，和比母親小三歲的八姨。

外公在大陸的時候，因為做官，從來沒帶過自己的孩子，而母親因為發育早、早熟的青春期舉動，被外公認為是精神分裂的病狀。結果，外公帶母親去看各種醫生，密醫、打針、吃藥、電擊，完全把媽媽當成精神患者來醫治。為了替母親治病，外公甚至賣了兩棟房子。

母親休學後，外公只盼望母親不要惹麻煩，只好把她送去補習班學英文。但是母親在那裡覺得無聊，老是靜不下來——她非常聰明，但是不適合上學。在補習班認識我父親之後，她開始把所有心思放在他身上。

當時父親四十五歲、母親十八歲，她不可自拔地深深愛上他。母親長得很標緻，但是誰也管不動她。父親後來告訴我，他們在補習班相識後，她就開始糾纏他，跟前跟後，甚至跟著他回宿舍，讓他覺得自己很無辜。

我長大後問父親這件事，他似乎真心相信自己別無選擇，並告訴我：「我能怎麼辦？她一直跟著我啊！」小時候我偷聽到父親當時的室友（那時他是住在單身宿舍），老是用輕俗的嘲笑語氣，講些當年母親到他們的單身宿舍找父親、在那兒過夜的往事。

除了他們的結婚照之外，我沒有看過父母親有任何合照。剛滿二十歲的母親，穿著紅白色的婚紗服，站在軍服筆挺的父親身旁，漂亮極了。他雖然比她大了二十六歲，不過也相當帥氣。他們就像其他五〇年代的新婚夫婦，看起來有點僵硬，但都對未來充滿希望。

還好那張照片保存了下來，證明他們或許至少有過一天的幸福時光。

修身齊家治國平天下

父親是個飽讀詩書的人。他總是會一邊搖頭，一邊背誦著各種詩詞來教導我們為人處事。他教我：「古之欲明明德於天下者，先治其國。欲治其國者，先齊其家。欲齊其家者，先修其身。欲修其身者，先正其心。欲正其心者，先誠其意。欲誠其意者，先致其知；致知在格物。物格而後知至，知至而後意誠，意誠而後心正，心正而後身修，身修而後家齊，家齊而後國治，國治而後天下平。」但父親的修身齊家之路，過得非常辛苦。

父親年輕時很有女人緣，我們長大了以後常逗他，問他到底有多少個兒女，我也愛揶揄他「兒女滿天下」。父親到了臺灣，和大陸的妻兒子女各分東西。在異鄉與母親奉女結婚，生下了我後又再接再礪生了三個。

我長大後，有一次問父親：在那個貧苦的年代、在他人生將近半百，為什麼娶我母親，又生了四個小孩？（在我小時候，我是很埋怨父親的，為什麼生了我以後，明明知道母親有病，還再生了三個小孩要我照顧？）

他望著我，彷彿懇求我理解。

他滿肚子委屈地說：「妳要知道，妳媽就像蜜蜂看到花蜜一樣黏著我，老是來宿舍找我。很多人都在說閒話。我是個負責任的男人，你媽大了肚子，我怎麼能不娶她……」

除此之外，他就避而不答。

他一定是把我想得很天真，才會相信她只是單純去「找」他，就能生出個我來。

我記得父親當時還說：「要不是我，根本不會有妳。我犧牲自己的幸福。你們出生後，我就過得像出家人一樣，把你們養育成人。」

這時，我已是兩個孩子的媽，我當然知道寶寶是怎麼來的，也了解什麼叫帶孩子、養育孩子。只是我沒有提醒父親，他的小孩幾乎是我帶大的。

父親說：「來臺灣之後，我好比是虎落平陽被犬欺；娶了妳媽之後，又更變得是只能以悲慘兩字形容。」

我明白母親不好相處，也知道他們在一起的時間並不快樂，不過我不太相信父親在裡面扮演的角色，真的是那麼無辜。小時候的我看著他們互動，看不到任何愛憐，也就很難理解愛情究竟是怎麼一回事。

我的母親非常堅強，即使長年被關在精神病院，身體、心靈飽受折磨，她還是會拚了命地想離開那裡，回到她覺得是她的家。她不知道我們沒給她投票權，我們卻投票一致通過她不是家裡的一份子。

我知道她渴求自由的心有多強烈，因為她成功地逃出那個深鎖、高大的鐵門很多次，每一次都直接回到父親身邊。每一次，委屈的他都被迫履行一些義務，每一次，她也被抓回去。

精神失常的定義不就是：做重複的事，卻期待不同的結果嗎？

父親認為避免面對母親的最好辦法就是不斷地搬家，我經常得負責在母親找到我們之後立刻收拾家當，找另一個她找不到的地方躲藏起來。我們在臺北近郊：永和、中和、板橋、士林等地，搬了好幾次，不過這麼做仍然阻止不了她，母親還是一而再、再而三地脫逃、找到我們。

母親每一次停留都很短暫，過沒幾天就會被醫院的工作人員帶回去。不過她每一次回家，我都是害怕、尷尬、困惑。從小到大，我最害怕的一件事是應門：開門後看到沙窗門外站的是喘氣的母親，央求我趕快開門。她會馬上衝到廁所，門也不關地坐在馬桶上開始和發抖的我說話。弟弟妹妹不管多大了，都是馬上躲到房間裡面，或是偷偷地溜出去和父親通風報信，好讓他和精神病院聯繫，開始追捕逃亡的母親。

就這樣，我們四處搬遷，彷彿是過著官兵捉強盜、又似被陰魂不散的鬼魂追擊的生活，無路可逃。一直到一九七九年，我「逃」到美國留學後，才不再有害怕開門就可能看到母親的焦慮。

瘋女人和瘋媽媽

一九六一年到一九六七年、住在板橋大庭新村的那段期間，父親從兩個孩子的父親變成了四個孩子的父親。我們一家人總是全村子茶餘飯後的笑柄，在那個沒電視的日子裡，給村子裡的人帶來少許的娛興節目。

大人看到父親，總是帶著同情的眼光。婦女看到她們的小孩不小心和我們玩在一起，就會拉開嗓門地叫她們的孩子回家吃飯或是做功課。

我也開始結交村外的同學。因為去他們家玩，他們的父母不會罵他們，還會留我吃飯。他們講臺灣話，好好聽，我也開始喜歡學臺灣話了。

每次母親從醫院脫逃，我們就成了眾所矚目的焦點，只要在眷村裡，都有一群孩子跟在後面，在我背後大喊：「瘋女人回來了！瘋女人回來了！」甚至朝我扔石頭。每一次母親回來，大人都禁止小孩在街上玩，還把門關上，不許孩子偷看。不過他們無法抗拒自己的好奇心，總有一群成年人聚集在我們家門外，好像準備看戲似的。

無論母親走到哪裡，都有一群小孩子跟著，看著她不斷自言自語、坐在門口抽煙，或追著父親咒罵，他們就會笑的很開心。他們的父母也會追著他們，叫他們要小心，趕快回家。這樣的環境下，養成了我處變不驚、臨危不亂的定力。

儘管我很不希望和「瘋媽媽」有任何牽扯，不過我更擔心我自己有一天也會變得像母親一樣。從我年幼時，父親就經常告誡我不要放聲大笑或表現出強烈的情緒，因為別人會覺得我像我媽一樣瘋癲。偏偏我又會不小心地開懷大笑。之後就會被父親告誡，要寡言少語，得正襟危坐。由於長期擔心別人的眼光，我有很長一段時間都無法自在地表達或感受自己的情緒。

我害怕，我好害怕！

成年後，我終於敢用成年人的身分問我父親，為什麼母親每次逃出來，他還是和她行房事。他知道她有精神障礙，認為她應該被關起來，他們不應該再有小孩，卻從未拒絕她。我年邁的父親看著我，微弱地說：「我能怎麼辦？我只是個男人……。」

逃逸和幽會帶來更多小孩。母親生丹心妹時，我太小，也不知我在那裡。丹心和我只差兩歲。等到天心和正心（三個和第四個孩子）出生時，我已有記憶。看到她被送回精神病院，等到即將臨盆就把她送回家待產，然後再送回精神病院。這個過程我

第二章

搶婚、纏足的哀歌
——繼祖母張胡氏

從小，我們的身分證上登記的不是出生地，而是祖籍。我的身分證上寫的是父親：張愾仇，母親：張樹芸。祖籍：湖北天門縣。父親的身分證上寫的是父親：張方棟，母親：張胡氏。祖籍：湖北天門縣。

父親說過：「我的繼母對我視如己出，給了我滿滿的愛。我的大姐張新之對繼母印象也極好，總是提到她有多善良。」父親對自己的生母倒是沒提過。下面是爸爸告訴我，繼祖母是如何成為我的繼祖母的故事。

夜黑風高的一晚

一九二一年的一個冬夜，在湖北省天門縣的胡市鎮，有位姓胡女子，剛做完所有家事，正準備把腫脹的小腳浸泡在溫水裡。

她還在披麻帶孝。丈夫因為酗酒過度，死於肝功能衰竭，留下二十三歲的寡婦、七歲的兒子和三歲的女兒。胡氏一整天都為來參加葬禮、結束後卻遲遲不願離開的窮親戚張羅食物。這群親戚們享受年輕寡婦的伺候，吃她準備的餐點，然後四處張望，看看屋裡還有沒有東西可拿。胡氏知道自己瘦弱不堪、目不識丁，還是纏足的寡婦，沒辦法把他們趕走或嚇跑，只希望他們覺得無聊，發現這裡家徒四壁，什麼也沒得拿，自行決定離開。

她必須堅強、有耐心，她雖然無依無靠，卻還有兩個小孩要餵養。

她的腳隨時都在痛，不過白天的疼痛比較能忍受，因為她用長布緊緊裹住腳、塞入棉鞋。但是每到夜裡，鬆開裹腳布，切掉死皮、清理血液、擦乾膿液時，就是椎心蝕骨的疼痛。從三歲起，她就得日夜忍受這種痛苦。一天中大部分時間，她有很多家事得做，幾乎可以忘卻裹小腳的事。無論到什麼地方，她都隨身拎著小板凳，這樣累了就可以坐下來休息。

那個夜晚，她不知道哪件事比較難受，是裹小腳造成的疼痛，還是頓失所依的惶恐。她覺得自己像是被狂風吹拂的柳樹，那麼脆弱、那麼微小。

她先讓孩子睡在廚房地板的稻草上，再拿鍋子煮水。兒子知道爸爸去世，不過妹妹還懵懵懂懂，不知道發生什麼事。兒子得在前屋中央父親的遺照前跪七天七夜，並向來給父親上香的人磕頭。相較於失去父親，身體上的折磨更令人痛苦、震驚。妹妹則是躺在稻草堆上哭泣，主要是因為饑餓和疲倦。

餓肚子睡覺已經司空見慣，不過孩子們們躺在廚房地板上時，已經遠遠超過平常睡覺的時間。哭泣似乎能稍微減緩痛苦，胡氏決定讓女兒哭著入睡。她打算泡腳、用布包好，然後躺在孩子身邊。沒有用布裹住腳、塞進自己縫製的棉布鞋之前，她根本無法走路。

小土屋是她已故的丈夫親手搭建而成。前室有一扇小窗，地板是泥巴地，夏天需要灑水，才不會塵土飛揚。小廚房的中央有一堆篝火，上面掛著一支鍋子。屋裡沒有食物，所有食物都給客人吃光了。胡氏打算再紡一點紗，拿去換雞蛋、豬油和米。大約一星期才能完成一組紗線，可以賣大約一元。用這一元，也許能買到一些雞蛋和麵粉。胡氏一邊把水倒入小錫罐，一邊思索生存之道。

她覺得自己很幸運，因為她會裁縫和編織，全家人的衣服都是她親手做的。她把茶壺放到地上，手邊的動作暫停了一下，思考著要把紗線拿給哪個比較能信賴的人，替她拿到村裡賣。而且她必須付一部分錢給幫她賣的人，但是誰可以勝任？

因為裹小腳的她無法離家太遠。若是不小心走超過一英里，腳會流血化膿，然後整個腫起來，塞不進棉鞋，就更不可能把換來的食物帶回家了。

裹小腳的哀歌

胡氏不急不徐地將水倒進鍋裡，再小心翼翼解開右腳的布。她必須慢慢來，否則會很痛。她看著自己腫脹、變形的腳。腳上的血、膿液、污垢和髒汙的布混合在一起，散發的惡臭彌漫整個房間。這是熟悉的氣味，從三歲起就一直伴隨著她。胡氏的腳趾扭曲重疊，一根疊著一根，彷彿爭相擠到最上面。她的腳底不再平坦，整只腳看起來像一團肉，已經不像是人類的腳。

胡氏試著轉移心思，以減緩雙腳的痛楚。她想到三歲的女兒，在女兒的腳變得太大之前，就得先把女兒的腳綁起來。沒有裹小腳的女性很難找到好對象。腳越小，她的丈夫和未來的公婆就越歡喜。她成婚前，得讓媒人丈量她的腳，公婆才決定是否接納她。

自古以來，許多文人喜愛女性走起路來婀娜多姿、柳腰輕擺的媚態，用各種美好的言詞歌詠女人的小腳，什麼三寸金蓮、兩輪彎月、纖纖玉筍、彎比虹腰等等，把纏足描繪成十分美妙的事，也助長了纏足的社會風氣。據說小腳也會引發男人想入非非，有些詩人留下專門描寫玩弄女性小腳的詩詞。

死去的丈夫在世時，時常站在她背後，要求她加快紡紗速度，好讓他拿去賣錢，但是這個可惡的男人老是把賣來的錢拿去賭博、喝酒，而不是買食物給孩子吃。只要他覺得胡氏動作不夠快，他就拿竹片打她的手背。

如果不用那麼趕，她可以織出全村最好的紗線；如果丈夫沒有煩她，她可以一邊紡紗、一邊唱歌給孩子聽，孩子有時也會和她一起唱。但是大部分時間，她都被丈夫抽打、催促。

織好之後，他會命令她再織一塊，而且要在他回來前織好，否則她又得遭一頓毒打。這個男人大聲發號施令後，就吹著口哨、踏著輕快的步伐趕到城裡，期待能夠贏回前幾天輸掉的錢，不過到最後都帶著醉意，憤怒、沮喪地回家，只能藉由毆打孩子或在床上虐待她來宣洩情緒。

她的父親也是這樣對待母親，和已故丈夫對待她的方式沒什麼兩樣。男人可以理直氣壯地毆打女人，而可憐的女人一開始是父親的財產，後來變成丈夫的財產，只能委曲求全。如果她們生下來是男的，也會用同樣方式對待她們的女人。

胡氏心想，自己已經算是幸運了。如果丈夫的病拖更久，或是活得夠長，把他們都折磨致死或賣掉，拿去換更多錢喝酒賭博，他們的生活必然更悲慘。也許一切不像表面上那麼糟糕，她只要想辦法把紗線拿去市場賣；守喪結束後，她也能回去從事農務。

如果沒有裹小腳，她的生活可能更不幸，因為她只能去人家家裡幫傭，或許從早到晚都被男主人或女主人鞭打，甚至遭到性侵，最後被賣掉或送給男傭。每次她拒絕纏足，母親就用這些故事恐嚇她。她上輩子不知道做了多少壞事，才會生為女人？她想，她這輩子一定要做很多善事來彌補，希望佛祖保佑，讓她下輩子投胎為男人，不要再當女人！

胡氏打算等四十九天守喪結束後，就要開始替女兒編織纏腳布。女兒一開始必然會嚎啕大哭，然後逐漸轉變為低聲啜泣，再來是呻吟，接著是無聲的眼淚。到最後，眼淚會流乾，她將學會如何用布裹著腳站立、行走，不再一直跌倒。這樣就沒問題了。她的女兒會知道如何過纏足的生活，就像胡氏、胡氏的母親，以及胡氏母親的母親一樣；就像太陽自東方升起、西方落下一樣自然；就像男人主導、女人服從一樣。事情就是這樣。

另一齣悲劇的起點

胡氏慢條斯理地解開右腳的布、小心翼翼將右腳放入水中，但是溫水仍然導致右腳一陣劇痛。她倒抽一口冷氣，繼續解開左腳。她現在的動作快了些，不過布還是很長。

在清潔和浸泡雙腳的過程中，她並沒有發現兩名戴頭罩、從張家灣來的男人潛伏在窗外。他們咒罵胡氏花這麼多時間泡腳。河的另一頭是張家灣，那兒還有幾名壯漢在待命。

此時的胡氏，完全不知道接下來的命運，她只想好好泡個腳，躺在兩個年幼的孩子身邊，享受廚房爐灶殘留的熱氣。她也許會哭著睡著，也許會抱著女兒哄她入睡。

胡氏將雙腳浸到水裡的那一剎那，一個蒙面的高個兒男人用力推開木門，將她抱起、甩在肩上，快速往外跑。胡氏還來不及張嘴尖叫，那傢伙已經用一塊布塞住她的嘴，朝河邊跑去。

胡氏震驚不已，不過她很快想到自己的孩子。她想張嘴大叫，但是嘴裡塞滿了布，發不出聲音。汗水從她的額頭滴下，過沒多久，她全身都被冷汗浸濕。怎麼會發生這種事？在她以為自己已經跌到谷底時，她的生活居然還能變得更糟！

躲在屋後的另一個男人，在胡氏被抱出家門口後點燃鞭炮。鄰居跑出來看發生什麼事，想追上抬著胡氏的男子。接著村人大喊：「有人綁架我們的女人！狗娘養的。別村的人來綁架我們的女人！」村裡一陣騷動。

胡氏很久以後才有辦法打聽到那天晚上孩子發生什麼事，可惜已經太遲了。她的兒子小小的年紀就上吊死了，女兒成了她前夫姐姐的童養媳。

男人把胡氏抬到河邊，與前來護送的幾名壯漢碰面。船的引擎已經啟動。此時，胡氏終於明白發生什麼事，知道自己可能再也見不到孩子。胡氏咬開塞在嘴裡的布，開始放聲大哭。這是揚子江畔貧窮農村的習俗，稱為「綁婚」，在過去經常引發流血衝突和悲劇。如果村裡的女性被別村綁走，他們就去綁架那個村子的年輕寡婦作為報復。

在當時，一貧如洗的鰥夫認為自己別無他法，只能綁架別村的寡婦。有錢的鰥夫才娶得到纏足的未婚女性。但是家裡需要一名女子照料田地、餵養牲畜、侍奉公婆，並照顧家中饑餓的孩子。所以他們不得不付錢雇用壯漢去綁架獨居的寡婦，然後替村裡所有來見新媳婦的村民和親戚張羅食物。

誰也不知道那名女子要多少天才能適應新環境、開始有生產力，不過貧窮絕望的鰥夫必須冒這些險。

鞭炮一響，代表事情已成定局，也是向整個村子的人宣佈該名女子已經被綁架。她們從此抬不起頭，永遠不可能被自己的父母或村民接納，這些女子別無選擇，只能趕快適應新生活，否則很可能惹惱丈夫或公婆，被毆打致死。從現在開始，這些女人要過完全不一樣的生活、採取另一種生存策略，她們的社會地位變得更低下，一輩子得生活在恥辱中、不停地被奴役。

到了新家之後，胡氏日夜哭泣。她思念兩個孩子、擔心自己及孩子們的命運，也為自己感到難過，不知道未來會如何？把她搶來的男人每天都來看胡氏幾次，他站在門口，一句話也不說，直到她昏昏沉沉地睡去。

胡氏終於醒來後，迷朦間看到門口有三個孩子。這些個孩子們都打赤腳、臉上掛著鼻涕，而且衣衫襤褸。其中的男孩最高——也就是我的父親——雙手分別牽著兩個妹妹。最小的孩子和她的女兒差不多大，另一個女孩稍微大一點，但是也很瘦小。胡氏想起自己的孩子。她注意到這些孩子們的腳都凍得發紅、腫脹。

從那時起，胡氏慢慢地把愛轉移到這三個孩子的身上，成了我的繼祖母。直到四十五歲去世之前，我的父親和他的兩個妹妹都叫她「二媽」。繼祖母的兩個繼女也都纏足，至死都沒有踏出村子一步。

父親還沒成年就有了他自己的童養媳，成年後，父親也和這位纏足的童養媳結婚，生了三個孩子。後來父親又娶了三個沒有纏足的女人。他受過教育，進入當時最好的軍校。父親和日本人、共產黨都打過仗。中國淪陷後，父親到緬甸繼續打仗。

戰爭讓父親離鄉背井，妻離子散，骨肉分離。

每次父親提到繼祖母，父親總是充滿感情，說她時常替父親及兩個姑姑三人縫製衣服、鞋子和補棉襖。繼祖母後來一直住在父親家，直到去世前，靈魂和身體都飽受折騰。她一生中唯一發生的好事就是家人為她舉辦了一場風光的葬禮。很多人來參加她的告別式，所有出席喪禮的村民都得到一塊亞麻布和肥皂。這都多虧了我的父親，因為父親當時是國民黨軍隊的上校，必須安排符合父親社會地位的葬禮。

我慶幸自己活在開放的社會，是個獨立的新女性。我和我的女兒都擁有一雙健康的腳，也不會被迫扛著小木凳到田裡幹活、坐在那裡割雜草，或是用酸痛的小腳日夜踩著織布機養家活口。

與繼祖母那一代相比，我們已經非常非常幸運了。

第三章

在育幼院，
我們打造自己的家

毛家把病重的我送回父親家之後，經過一段時間的調養，終於逐漸康復。但是毛家已經不要我這個童養媳了，於是我改回張姓，繼續和父親住在一起。

有一天，天氣冷冽清朗，父親回到家對我說：「我們去看妳妹妹。」

「爸爸，什麼意思？我沒有妹妹啊。」我困惑地說。

「妳有一個小妹妹，我帶你去看她。」

我有妹妹！我好興奮！我沒有問為何從來沒見過她？或是她為何沒有住在家裡？

我住進了育幼院

我拉著父親柔軟的大手，和他一起走路搭公車。公車開了很久，我一路上都在想妹妹是什麼模樣，我們會不會長得一模一樣？會不會一下子就認出彼此？

下公車後，又走了好一陣子，最後，我們爬上幾階大石階，父親停在一扇高大的門前，按下門鈴。大門旋開，我看到裡面有好多小孩在奔跑嬉戲。蹺蹺板、鞦韆、橫爬架和溜滑梯上，滿滿都是攀爬、玩耍、尖叫的兒童。

一個女人上前迎接我們，牽著我的手，把我帶到遊樂場。接著從一棟建築裡，一個小女孩朝我們走過來，她真的好小一點點，頭上一根頭髮也沒有。我後來才知道，由於裡面的孩子集體感染頭蝨，她的頭髮因此被剃光了。

女人說：「張潔心，這是妳的妹妹張丹心。」

丹心有些遲疑地朝我走來，我覺得好神奇，這是我的妹妹！我們看起來好像！

我對她笑了笑，跟著她到漆著紅色油漆的橫爬架玩，那是個紅色、像地球一樣的圓形攀爬架，設計很有美感，頂端其實蠻高的，爬上去還真要點勇氣。下面得有人推著轉。

儘管鉛漆的味道令我覺得噁心，不過我們還是一起爬上去玩了很久。我玩得好開心，但是後來實在太不舒服，不得不爬下來。我的頭好暈，覺得想吐。

我找到在門口迎接我們的女人，問父親在哪裡。

我說：「我不舒服。我要回家，爸爸在哪裡？」我環顧四周。

「潔心，妳跟我來，我們……」那個女人說。

「拜託……我要找爸爸！我想回家！」

「跟我走，阿姨帶你去看護士……」

「不要！」

我開始覺得不對勁，倒在地上哭叫、拚命亂踢。女人示意其他大人過來幫忙。她語氣嚴厲地說：「張潔心，妳爸爸不在，他回去了。妳以後要住在這裡。」

「不要！不要！不要！」

我還是拚命亂踢、哭叫，另外兩個女人過來想把我抱住，我記得其中一個說：「還好我沒懷孕，不然寶寶都被她踢掉了。」可見我有多用力！

我就是這樣學到，有些孩子受到寵愛、珍惜，有些則不是；我就是這樣第一次見到妹妹，然後和她一起住進育幼院。

在育幼院待了幾天後，我漸漸明白父親不會帶我回家，就像黃家決定不收養妹妹時，他沒有把她帶回家一樣。我開始適應眼前的生活，和剛認識的妹妹睡在同一張床上。我學會裡頭的規矩、吃飯、睡覺、玩耍，這裡變成我的另一個家。

那所育幼院只收養失去雙親或父母其中一人的孩子，父親是靠關係讓我們住進那裡。按理說我們資格不符，因為雙親都還健在——儘管母親是被關在精神病院。

原先收養丹心的家庭很愛丹心，但他們無可奈何之下歸還丹心。後來，我的兩位弟弟正心和天心被領養的家庭退回時，父親也把他們帶到育幼院！

我們被父親割愛，接著又被收養的家庭拋棄，最後都進了育幼院。

我們都是被退貨的小孩！

大妹張丹心

妹妹丹心出生時，我才兩歲。我完全沒有這段時間的記憶。長大後才知道：父親也是覺得為了孩子好，決定把嬰兒送走，所以母親分娩後，只讓她匆匆看了寶寶一眼，就把嬰兒帶到芥菜種會的基督教育幼院等待被人收養。

過沒多久，丹心就被姓黃的善心人家收養。黃先生是將軍，有一個兒子，沒有女兒，所以家裡多了這個可愛的女孩，他們喜悅萬分。我猜想黃家多希望能夠給予她滿滿的愛和各種美好的事物，也期待這個小女孩可以帶出門玩，會撒嬌，有哥哥、爸爸和媽媽的寵愛。也許他們會、也許不會告訴她，她是領養的。他們住在一棟漂亮的兩層透天厝，丹心照理說應該會在那裡成長，也讓他們的家更完整。

丹心大約一歲時，黃太太時常把她放在自行車前座，帶著她到菜市場買菜，很多人會停下腳步，誇獎寶寶好乖、好可愛。有一天，黃太太穿過市場時，一個女人突然停下來，呆滯地盯著嬰兒說：「那是我的寶寶，我的女兒。把她還給我！」

原來，我的母親在一年前，雖然只在出生時看了她第二個孩子幾眼，但是她居然還能認得出自己的骨肉。

黃太太驚慌失措，拚命踩腳踏車，想遠離我的母親；母親在後面追著她大吼大叫。黃太太回到家，用力把大門一關，把母親擋在門外。母親不停哭喊，詛咒他們全家。母親拚命敲門，敲到拳頭瘀青、流血；她在他們家外面待了好幾天，吸引一群人圍觀。母親絲毫不打算放棄。

黃太太很愛我的妹妹，把她當成自己的孩子看待，但是這樣的騷擾讓黃將軍一家人顏面盡失，他們終於按捺不住，決定把嬰兒還回去。面子比這個孩子重要多了。

他們替丹心穿上暖和的衣服，把她和發狂的母親一起帶到父親家，說：「張先生，我們很愛這個孩子，但是我們實在沒辦法了，只能把她還給你。」父親不知如何是好，決定把丹心帶回育幼院。

連在將軍家，丹心都無法脫離母親的魔掌，還有誰能保證她的安全？

儘管母親誇張的舉止造成我們混亂的生活，卻也幫我找回我的妹妹，為此我真的很感謝母親。我無法想像沒有妹妹的生活。丹心一直是支持我的好妹妹，也是我孩子們的好阿姨。

每一次想到成長過程中差一點就沒有丹心，我都覺得好害怕。我常想，如果那個早晨，母親沒有剛好走過那間菜市場，不知會發生什麼事？還有我們的生活，如何因為一個偶然的事件而永遠改變？

大弟張天心

天心出生於一九六一年的一月三十一號。這時，我已經被送至毛家當童養媳，母親也開始住在精神病院了。因為母親即將臨盆而被送回家中，我也有幸參與其中。

很多鄰居太太擠在我們家裡，協助母親分娩，或者想近距離看熱鬧？她們在家中四處走動，探頭看我們的房間。我像是牆上的蒼蠅，沒有人注意到我。

一個女人說：「她的羊水破了。」

另一個女人大叫：「打電話給張先生，叫他回家，他的太太要生了！」

有人去找接生婆、有人燒水，我的弟弟張天心準備來到這個世上。母親用力擠壓、牙齒打顫。她痛苦地尖叫，發出動物般奇怪的吼叫聲。周圍的女人試著安撫她，但是她咒罵她們，把身體縮到床角，不讓她們碰觸她。

終於，天心出生了，母親倒在床上哭泣發抖。我看到有人從床上把一個嬰兒抱起來，好小、好粉嫩，我驚奇不已。

「是個男生！是個男生！」這群女人興奮的大嚷嚷著，好像中了彩券般。

在傳統觀念裡，男孩比女孩珍貴，所以大家都歡天喜地。尤其是父親老來得子是件大喜事。因為媽媽這次生了個男孩，父親讓母親在家待了幾個月，陪伴天心、餵他母乳，也許父親抱持一線希望，看看她的狀況會不會變得穩定，能夠好好照顧這個寶貝兒子。

不過顯然事與願違。儘管我只比天心大四歲，後來照顧他的大部分責任還是落在我頭上。

有一天，我把天心放在嬰兒車裡，母親走在一旁，看著我推著嬰兒車。前進時，輪子不知撞到什麼卡住了，嬰兒車傾倒，天心弟弟掉了出去，他的頭撞到地上。我急忙伸手抱他，但是母親已經一把將他抓起來。

「妳害他掉下去！妳害他掉下去！」

「我不是故意的，媽媽！他沒有受傷。」

「妳怎麼那麼笨？害寶寶掉下去！」她氣沖沖地大叫。

接著她脫下木屐不停打我，一邊大聲罵我笨。我的頭被木屐打出了血，一直到今天都還留有疤痕。她抓我的頭去撞牆、使勁打我。我開始流血、嚇得全身發抖。我一心只想擺脫眼前的瘋女人。後來父親還是又把她送回精神病院。

父親很開心有了能夠傳宗接代的兒子，但是仍然不知如何照顧小孩。正好有一家人有意收養天心，所以過沒多久，天心就從姓張改成姓謝。父親最喜歡天心，因為他是長子，加上他遺傳到父母的聰明和外貌；長大後經常有人誤認他是功夫明星成龍。

父親覺得送走天心是為他好，他確信謝家會疼愛天心；而謝家也很疼愛他。可惜的是天心沒這個好命。他好端端地突然生重病，害得謝家要捨棄這麼可愛的男嬰，送回父親家。若不是萬不得已，誰會退回一個可愛的男嬰？

小弟張正心

張正心是我最小的弟弟，他是一九六四年出生的，一出生就命途乖舛。他除了早產之外，父親同樣無力照顧他。我記得父親曾對姨丈說，正心的命不值得救，反正他以後身體也很可能出問題。還好母親的姊姊，我的三阿姨樹茜一直沒有放棄，她是護士，先生是小兒科醫生。後來父親時常提到要感謝他們救了正心的命。

我的二阿姨樹芬有一次帶我去醫院看正心。他出生後頭一個月都住在外觀近似魚缸的保溫箱裡，眼睛蓋著紗布，看起來好小好無助。我不知道他能不能活下來，他看起來非常脆弱。我記得兩個阿姨都垂著頭哭泣，為了這個可憐的小孩，也為了她們永遠無法認識這個孩子或照顧這個孩子的親妹妹哭泣。

正心的狀況漸漸有了起色，儘管他一直都不是活力充沛的孩子，不過最後還是能夠離開醫院，回歸一般的生活。

父親把正心送給一個住在基隆的林家收養，他們有一個和我同齡的女兒，媽媽和藹可親，還送了我一個洋娃娃，也是我有生以來得到的第一個娃娃。當時我還很羨慕正心可以去那麼好的人家。不過，正如我父親預料的，正心的確又生病了，林家不想養他了。

此時，緬甸排華，父親發了一個電報給我們在仰光的親戚。父親的電報是這樣說的：「速來台。我有一口飯吃，你們就有一口飯吃。」就這樣，父親的表弟一家十口人，從仰光到板橋的大庭新村。剛好正心被退回來，嬸娘（爸爸的表弟的太太）視正心如己出。嬸娘一家人都對我們很好。父親為了增加收入、養活一大家，到處兼職，改考卷、寫訃聞和對聯。

有了嬸娘，家裡有人煮飯，有人可以照顧我們。我回家上小學一年級，但丹心和天心還留在育幼院，禮拜六晚上回家，禮拜天送回去。逢年過節也可以在家多待幾天。

很遺憾，一年多以後，嬸娘全家搬離大庭新村，正心和我只能加入育幼院，和天心和丹心在一起。當時正心還不滿兩歲，他是我們四人中，在育幼院待得最久的一個。

父親沒有出現的日子

在育幼院時，我們四個人一起睡在一張很小的床上，可憐的正心幾乎每晚都尿床，我記得很多次從沉睡中迷迷糊糊醒來，還以為自己置身汪洋大海，但是我實在太累，完全起不來，更何況半夜也不能做些什麼。我們只能躺在被尿浸濕的床單上。到了早上，我就得負責拿去清洗。

我當時八歲吧。一大清早取下床單，拿到洗手間的大水槽，站在凳子上，用一塊很舊的木頭洗衣板洗床單。水很冷，我不停搓洗，搓得手好酸，更糟的是手開始乾裂，甚至流血，尤其冬天很冷的時候。床單可以掛起來晾乾，床就沒辦法清理了，只能讓尿液自己乾掉，不過聞起來實在很可怕，那是我們四個孩子揮之不去的童年的味道。

為了避免正心尿床，我們設鬧鐘、半夜叫他起床，結果我們也都睡不好。我們常夢見在汪洋大海中。正心尿床的毛病一直延續到他上了國中才慢慢停止。為了治好這個毛病，正心還被帶去吃狗肉、羊肉、中藥。

父親每隔一陣子會來探望我們，偶爾把我們帶回家。農曆新年期間，他也會讓我們整個週末都待在家。

但是我們不知道他何時會出現？育幼院的職員把我們打理整齊，要我們和其他孩子一起坐在門外的石階等待。我們滿懷希望地等著他出現，然後看著其他孩子一一被家人接走，隨著夜幕低垂，看著每一個孩子的離去，希望就一點一滴消逝。那真的很殘酷，讓我們抱持希望、給我們一點家的感受，卻又無情地將之奪走。

父親沒有出現的日子，希望破滅，我們整理一下心情，離開育幼院的大門。一週過後，探訪時間再次來臨，我們又重拾希望。我們一直盼望父親來接我們回家。我時常夢到父親把我們抱在懷裡，說：「我們回家吧，再也不用回到這裡了！」

我當時不知道，我們能夠四個人一起住進育幼院，四個人能在同一個地方，實在非常幸運；我們沒有四散在世界各地，真可說是奇蹟。

我們一起住在育幼院裡，就是最棒的禮物，可以在那裡打造屬於我們的家。我們當時還不知道，即使父母拒絕接受我們，但是我們找到了對方，我們這輩子能夠一起生活，就是我們命中注定的福氣。

現在，我們都在美國成家立業。我們的心是黏在一起的，就像傷口癒合後皮肉黏住了。這就是我們的命。我們雖不是四個孿生體，我們也差不了多少。

謝謝我們父母成就了我們。

片段難忘的回憶

大庭新村是美軍建設的，所以是仿照美軍住宿的樣式，一排有八家，推開天花板，樓上是相通的閣樓，供住戶在颱風或洪水季淹水時避難。有時我也會躲在閣樓裡，直到肚子太餓才下來。只要從閣樓往下看，就能偷窺到房裡的景象。

大約五歲時，一天下午，當媽媽又逃回來的一天，我從躲藏的地方低頭望向臥室，看到媽媽用一根棍子，隔著被子戳父親的下半身、不停咒罵。我聽不懂她說什麼，只聽到父親說：「求求妳放我一馬，讓我好好睡午覺。」母親沒有停手，而是繼續戳他的身體，不停謾罵，而他假裝睡著，不理會她。我不知道她為什麼戳他，可能是挫折、欲求不滿，或是對丈夫的失望，也可能因為他一直讓她懷孕，又不停把她送

1	2	3
4	5	

1 | 父親和母親的結婚照。拍攝於 1956 年。當時母親已經身懷六甲，我就是那個在她肚子裡的寶貝。他們結婚時母親才二十歲，而父親已經四十六歲了；這樣的年齡差距，也是他們婚姻中的一個障礙吧！

2 | 母親的婚禮照片，這是我多年以後從母親的姐姐那裡找到的照片。在那個沒有化妝、照片也是黑白的年代，可以看得出母親有多麼美麗。母親從小就是家裡最美麗的小孩，也是我外公最疼愛的女兒；可惜她也是最沒有福氣的孩子。

3 | 農曆新年期間，父親帶我們到動物園玩。從我們的年紀看來，那個時候可能是 1970 年，我和妹妹身上穿的是西門國小的制服。因為家裡的經濟狀況不好，我們沒有錢做衣服，所以一年四季穿的都是學校的制服。那個時候的台北市動物園，最引人注目的動物就是我們身後的長頸鹿。

4 | 張丹心和張潔心幼年時的唯一合照。這是我多年以後找到的唯一一張和丹心妹妹小時候的合影。我猜想，可能是我們從孤兒院回家過年的時候，父親帶我們去照相館照的吧！

5 | 1971 年，與緬甸的親戚共度農曆新年，裡頭有胡德之表姐的五個小孩和我們家的四個小孩。1967 年緬甸排華，父親知道後就給胡嬸娘家發了電報，邀請他們全家來臺灣。父親說：「我們有一口飯吃，你們就有一口飯吃。」衝著這句話，他們全家十口老少拋棄了在緬甸的產業，從零開始在臺灣打拚，後來都非常有成就。每一次提到他們家，父親就非常欣慰，覺得這輩子至少做對了一件事情，就是邀請胡家到臺灣。我們九個人因為年齡很近，從小玩在一起。童年時期到胡家玩耍的日子，是我非常快樂的童年回憶。

1 | 1980 年 12 月 28 日，我和前夫約翰在他弟弟的柳橙園結婚。地點是加州聖馬科斯（San Marcos）。我身上穿的旗袍是丹心親手做的。 因為婚禮在美國，所以沒有我的親戚朋友來參加，幸運的是，他的家人都非常接納我。那個時候，我們已經知道 1981 年的夏天我們會回臺灣，約翰將到臺灣的外交學院學中文，準備隔年到北京上任。

2 | 友文一歲生日時和我的合照，1988 年拍攝於西班牙巴塞隆納。 那個時候我 28 歲，是位年輕的媽媽，女兒四歲 、兒子一歲。 住在西班牙的那兩年裡，我最主要的工作是照顧兩個年幼的孩子。

3 | 和一歲大的友芸在陽明山，拍攝於 1983 年。當時約翰在臺灣學習中文。 友芸是在臺北市出生的，陽明山是她的第一個家。

4 | 友芸和友文在西班牙巴塞隆納的合照，分別為七歲和四歲。他們那時候是多麼天真無邪呀！

1 | 2 / 3 | 4

1 | 大學畢業照，拍攝於 1979 年。左邊是郁正民（Joseph Yu），右陳是陳政聰（Joseph Chen）。 郁正民是文琦的初戀男友。

2 | 泰姬瑪哈陵，拍攝於 2010 年。 在泰姬瑪哈陵慶祝新年是我多年的願望，這個願望終於在 2010 年實現。

3 | 2000 年聖誕節與友芸和友文合照。這是我離婚以後第一次帶著兩個孩子度假，地點是墨西哥的坎昆。那個時候，我們像三個孩子一樣，一起抽雪茄、潛水、爬山，度過了愉快的假期時光。我猜孩子的心裡面是想著爸爸的，但是他們盡可能地適應新的生活。

1 | 2/3

1 | 美麗的新娘友芸。 2016 年 5 月，我們在波多馬克一家高級俱樂部裡給友芸辦一場盛大的婚禮。 轉眼之間他們已經有三個孩子了。
2 | 友芸和尚恩結為夫妻後的第一支舞（還有我這個倍感光榮的媽媽）。
3 | 2016 年與家人一起慶祝友芸的婚禮。 第一排是新之大姐、女兒友芸和我。後排從左到右是正心、丹心、新亞哥、妹夫彼得和天心。這是友芸結婚後回門時，在家裡的小聚會。

1 | 2
3

1 | 2014 年拜訪阿富汗喀布爾的難民營。當時的局勢已經非常危險。這些可憐的孩子們都是在馬路上乞討的。阿富汗的男人非常驕傲，不肯去乞討，阿富汗的女人是不能夠出門的，所以都是靠小孩子在馬路上乞討、做工，賺一點錢回家。等到這些女孩子的年紀再大一點，就不能再拋頭露面了。在我們辦的難民營裡，這些孩子們中午過來吃一頓飯，順便學一些簡單的文字。有的時候我們也給他們一點食物帶回家，這樣他們就不用在馬路上乞討了。阿富汗的難民真的是非常值得我們同情的。

2 | 2016 年拍攝於華盛頓特區。我們公司贊助南非的阿彌陀佛關懷中心，邀請他們在馬拉威孤兒院的孩子來美國做武術表演，以及介紹阿彌陀佛關懷中心和慧禮法師。台上的小朋友中文說得很流利，長相神似歐巴馬總統，所以我們都叫他「小歐巴馬」。

1
2

1 | 2 / 3

1 | 華冠獎頒獎典禮，拍攝於 2018 年 10 月 12 日。
柯杜瑞琴女士在 1999 年創辦屬於世界華人女性專屬的獎項「華冠獎 」。柯杜女士希望藉由表彰全球傑出華商女性的成就與貢獻，肯定她們傑出的事業成就、創造經濟繁榮、貢獻事蹟、家庭與人生的經營，以及熱心參與社會服務與公益活動等，作為華人女性的表率，達到見賢思齊的正面意義。2001 年第一屆「世界十大傑出華商婦女華冠獎」於焉誕生。
「華冠獎」的「華冠」二字，意指「華人冠軍」。代表「華冠獎」精神的青銅雕塑獎座，由台灣全國永久免審雕塑家謝棟樑大師設計，獎座以意象式的「V」字型，手握三圓環來呈現內涵：「V」字代表著華商女性菁英展現堅韌淬鍊的毅力而獲致的成就與勝利；三環代表著真、善、美，表現華商女性在各領域展現冠蓋群倫的自信與萬丈光芒。當選者既有其代表性，也是新女性的典範，並期許我們華商女性再接再厲，追求更完美的境界，讓這份榮耀屬於全球華商女性。「華冠獎」的精神，象徵了全球華人女性追求卓越的標竿。

2 | 非常感謝華人婦女工商協會能夠頒華冠獎給我。我生於臺灣、長於臺灣，我的心永遠屬於臺灣；能夠得到臺灣頒發的獎項令我非常感動。我也認識到自己必須努力做好本職工作，成為女性的榜樣，也讓大家知道臺灣女性的堅韌。

3 | 榮獲 2016 年的 Smart CEO Cornerstone Award。

1
2

1 | 拍攝於 2017 年。在交通部與聯邦交通部長趙小蘭會面。

2 | 2019 年 9 月，馬里蘭州的蒙哥馬利郡為我頒發了「工商名人堂」的獎章，我是第一位獲此殊榮的亞洲婦女。得獎之餘也讓我認識到，我對這個社會必須要做更大的貢獻和回饋。

1 | 2
3 | 4

1 | 2022 年 4 月 30 日拍攝。能夠在哈佛大學商學院用四年半的時間完成 OPM 的學位課程，是我這一生中最驕傲的事。我們都知道，能夠建立、領導和發展成功的企業是耗費精力的挑戰。在這四年裡，我學會了如何成為更好的領導，也在個人成長方面學到了許多寶貴的知識。我在這裡不但學會了怎樣做一位更好的團隊領導，也認識了一群世界級的教授和同學。他們是我一生的好友，我們互相鼓勵支援。這真的是非常值得推薦的學習體驗。

2 | 在哈佛校園裡看到飄揚的中華民國的國旗總令我感到驕傲。這次學習中，因為蘇聯和烏克蘭交戰，所以教授常常把臺灣和中國提出來討論；我總是非常驕傲地告訴大家我是臺灣人。看到這面國旗，我也激動地告訴同班同學這是台灣的國旗。

3 | 我們用四年半建立了一世的友誼。畢業時，又興奮又捨不得。一生中能有一次這樣的經歷，真是此生無悔了。畢業後，我們都將各奔東西專注於我們的事業。我們也知道，我們必須要更努力地回饋社會，讓這個世界能夠因為我們的貢獻而更加美好。

4 | 美麗的哈佛商學院校園，背景是美麗的貝克圖書館。我曾經多次整天待在貝克圖書館裡讀書，享受那份安靜專注的情緒。成年以後能再回到圖書館靜靜地讀一整天書，是非常奢侈的享受。 再見了，貝克圖書館！

回醫院。我很確定的是，我從未見過父母親溫柔對待彼此的模樣。

我不禁好奇，不知道在我出生前，他們的關係是如何。他們肯定是相愛過吧？兩人相差二十六歲，是怎麼約會的呢？我多想知道我的父母也有相愛、快樂的時光。

當我看到同學的父母或是鄰居的父母互動時，我好想也可以看到那畫面，那怕是短暫的，哪怕只是中國人古時迂腐的舉案齊眉，我只想知道我們都是愛的結晶，哪怕愛後來變質了。

我和弟弟妹妹待在育幼院那段期間，偶爾會回父親家度週末。有時我正好在家，母親也逃出精神病院，雖然她找到我們的次數不多，但都是恐怖的回憶。

只要母親在家，我的生活就很淒慘。每次上學或走在巷子裡，都有一群小孩跟在後面，嘲笑我是瘋女人的小孩。也有越來越多人跟著母親，朝她丟樹枝或石頭、捉弄她，彷彿她是從馬戲團逃出來的動物。

我常想，不知道我什麼時候也會像我媽一樣發瘋，永遠被關起來？

我很怕和父母待在同一個屋簷下，他們兩人的行為都難以預測。所以我會偷偷跑出去，在外面的灌木叢裡睡覺，那裡也有其他孩子，我會設法避開他們。那些男生年紀比我大，不過其實都還很小，他們已經開始學抽煙或對女孩子惡作劇，還好他們從來沒有發現我也躲在那兒。

我知道父親和村裡幾個太太過從甚密，村子裡一直都有不少關於我父親的八卦。我父親無法抗拒女人，也很容易吸引她們，我猜想他是個喜歡被愛與被仰慕的人。只是，我從沒見過父親和其他女性有任何互動。

每次從育幼院回家，家裡就只有他和我們這些悲慘的孩子，至於父親其他時間是如何度過，我們就不得而知了。

第四章

心中的小火花

母親陷在精神疾病的黑洞裡，她的意志持續受到打擊，靈魂漸漸破碎。父親則沉溺於自己的不得志，卻對我寄予厚望，強迫我擔起成年人的責任，讓我提早和生活短兵相接。

希望支撐母親活下去，希望則是讓我茁壯

「摧毀一個人的意志」就等於摧毀一個人。願望總是被摧毀的人，他們不再有希望、感到挫折，認為自己不值得快樂、不值得過更好的生活，他們的依賴和無助感油然而生。打擊別人意志的人，也因此能掌控對方。

母親因為保有希望，所以讓精神錯亂的她，仍能神智清明地行動；母親再三脫逃精神病院、回到家中。這個希望也許是「對丈夫的依戀」、「期盼回到自己的家」。然而，每一次被逮到或被父親送回去，母親就精神萎靡一陣子，但是只要一有機會，母親仍會再度振作、設法逃回來。

母親的世界和我們的世界很不一樣，她的情緒特別強烈，以至於不理性。她看似

兇狠，老是亂發脾氣，但是我想，她的內心非常脆弱。

母親的意志持續遭受打擊、靈魂破碎，她無從調適，這對她造成一輩子難以復原的傷害。這種打擊宛如吸附在皮膚上的水蛭，不斷吸取她的靈魂，奪走她最需要悉心呵護的部分。造成這樣的困境，一方面是因為母親的精神狀態，一方面則是她對父親無可救藥、盲目的愛，致使她無力保護自己，也無法保護我們。不過，父親的意圖並非要控制母親，而是想躲開她——他必須打擊她的意志才能擺脫她。

很多人的生活充滿波折，不過生命中的曲折坎坷多半是偶爾出現，還能稍微喘口氣。童年時的我，卻幾乎沒有可以好好喘息的時間。

整個童年期間，我們全家幾乎和母親的病況劃上等號。在她逃離精神病院、尋找我們，與我們拚命躲藏、不想被她找到之間，我們過著像她一樣精神錯亂的生活。儘管母親把我們的生活弄得一團亂，我仍不得不佩服她的希望和決心，那並非她的錯。逃離精神病院是支撐她活下去的力量，即使在她混沌的腦袋裡，她一定也知道那只是短暫的逃脫。

母親的希望是離開精神病院，我們四名稚子則是希望「有一天能夠徹底離開育幼院，回家過正常的生活」。

我們緊緊守住這個希望、守護彼此，好讓自己堅強起來，讓希望不會消逝。那所育幼院代表了恐懼、不好聞的尿騷味、痛苦和遺棄。

因為那間育幼院的院址坐落在很值錢的地段，在我成年之後，就被拆除、蓋了商業大樓。那些年的痛苦，已經與鋼筋水泥一起被埋葬在土壤深處，我再也找不到、也看不到那個地方了。

人類與生俱來的需求是期盼明天會更好；沒有期望，我們就失去前進的動力。希望是支撐我活下去的力量。希望如同氧氣，雖然看不見，卻隨時隨地圍繞在我身邊，兩者都是維繫我活下去的必需品。

「希望」讓我相信，無論遇到什麼困難，我都能熬過去。

「希望」讓我相信，美好的日子終將來臨。

「希望」讓我暫時脫離眼前的痛苦，找回內心的平靜。

「希望」賦予我改變的力量，只要滋養希望，夢想就能夠實現。

快轉長大的我

弄瓦云何羨弄璋，
人悲伯道慶汾陽。
勤王古美秦良玉，
教孝教忠在義方。

一九五七年四月一日，我出生的那天，父親為我作了這首詩，寫下對我的期許。他並非期待我過著安穩舒適的生活，而是對我有更高的期望。

他在詩裡提到兩位歷史人物：一位是明朝末年著名的女將秦良玉，她嫁給石砫的土司馬千乘。丈夫死在獄中後，她暫代土司之職，奉詔參戰，拼死守護榆關（即山海關），受皇帝封賞。她的餘生都在努力征剿流寇，可以說是一位不讓鬚眉的勇猛女將。

另一位是郭子儀將軍，他是唐代著名的政治家、軍事家，一生平定安史之亂等諸多亂事，歷經唐朝四個皇帝，是傳說中「富貴壽考」的主人公。民間信仰將他奉為神祇，祈求財富與平安。

父親過世後，我在他的詩集裡找到這首詩。那時我大概四十二歲，他彷彿在我身上種下種子，而我也實現了他對我的期望。父親是個軍人，在長女出生的那一天，透過這首詩，期許女兒可以成為良將，福壽無雙、不輸給男人，似乎是很合理的。我一直不知道他對我有這些期許，但是因緣際會，我幾乎完全實現他為我設想的目標。

感謝在我出生時，男尊女卑的傳統文化已經漸趨式微。我成長的那段時間，父親習慣的中國纏足、為鰥夫搶婚、妻妾成群的習俗，也都成了過去！

在我小學期間，父親終於陸續把我們從育幼院接回家。不過，要一個小學生扮演一家的主婦、還要照顧三個弟妹，這個擔子會不會太重了?!

我一邊上學，一邊做家事和照顧弟弟妹妹。我從來沒有向父親抱怨過永遠擦不完的地、洗不完的衣服、煮不完的菜，也沒有要求他找一個新媽媽照顧弟弟妹妹。

我不知道怎麼抱怨，甚至不知道自己缺少了什麼！直到後來上了高中去同學家玩，吃她們母親燒的菜，才知道別人是過什麼樣的生活。我完全沒有參考的對象，父親也不時提醒我們，有爸爸是多麼幸福的事。

當時我已經得知父親過去在中國大陸還有另一個家，而那個家的孩子，完全不知道他的下落。父親告訴我們，根據政府的說法，我們在中國大陸的手足窮到必須吃樹皮、啃樹根。即使我想抱怨自己的負擔太沉重，每次去拜訪親戚時，他們都會提醒我們要好好珍惜有爸爸的生活，並感謝他為我們做了許多的犧牲。

除此之外，我不敢抱怨的另一個原因是，父親從小就告訴我，我是他從垃圾桶撿來的嬰兒；那個故事對我幼小的心靈造成很大影響。等到我長大懂事之後，拿自己和妹妹嬰兒時期的照片相比，發現我們長得很相似，才明白父親說的不是真的。儘管如此，有很多年，我都暗中希望親生父母有一天能找到我，把我帶離這個家事做不完的地方。

父親時常哀嘆，有個做官的爹不如有個討飯的娘。父親認為他無法照顧我們，因為他是男人；而我必須做所有家事，因為我是女孩。他每週給我一點家用錢，要我用那些錢為全家人買菜，裡面也包括我的午餐費和公車車票。

所以從小學三年級到六年級，我每天到市區上學途中，幾乎都會到學校旁邊的世運麵包店買一袋吐司切下來的邊條，因為這是全店裡最便宜的東西。這三年當中，我幾乎每天午餐都吃一模一樣的東西。

只要新台幣一塊錢就能買到一大包吐司邊，我還發現同時喝很多水就能撐一整天。很多年後我才知道，這家麵包店販售吐司邊的用意，是讓顧客拿到附近的公園餵鳥或餵魚的。

當時的老師很喜歡檢查我們的便當。由於成績出色，我時常擔任班長，每次老師走進來檢查便當盒時，我都會走出教室。我覺得很丟臉，沒有媽媽親手準備的便當，也沒有可以向老師炫耀的菜餚。所以我很討厭午餐時間。

我們沒有錢，無法像其他孩子一樣訂便當，我得吃吐司邊當午餐，才能省錢替全家人買菜。我從小就知道怎麼用很少的錢替全家人準備三菜一湯。父親沒有告訴我該怎麼做，我必須自己在跌撞中摸索，設法找出最好的生存方式。

我從小就學會觀察。我在菜市場裡觀察別人如何買菜、挑菜，看鄰居如何殺雞拔毛、燒菜、灌香腸、包粽子。

我第一次、也是唯一一次的殺雞經驗，非常失敗。對我造成很大的陰影，也在我心中種下吃素的種子。一直到今天，我都時常想起那隻可憐的雞；每回我到廟裡拜拜，我都會向那隻可憐的雞道歉。

在那個年代，只有過年才有可能吃到雞肉。那年過年，我也學著鄰居太太們要來殺隻雞給家人打牙祭。我學著鄰居太太把雞的脖子翻過來，然後用菜刀在牠的脖子上劃了一刀。正當我要把那隻雞放在我準備好的熱水盆裡時，可能因為我力氣太小、沒切到要害，這隻可憐、受創的雞，就從我準備好的熱水盆裡跳出來。牠的喉嚨裂開，鮮血四處飛濺，雞頭晃來晃去。我只好拿著菜刀追著雞，四處揮刀亂砍，最後終於讓牠魂歸西天，再次把牠浸泡在熱水裡，我再用力把掉牠的羽毛，不時還盯看著它那無神的雙眼。那天晚上，我是一點食慾都沒有。

我的負擔好沉重，總覺得自己如果沒有把事情做好，全家人都會遭殃。所以我養成喜歡模仿周圍的人做事，觀察別人如何在菜市場討價還價、替家人採買食物；我觀察別人洗衣服的步驟，然後依樣畫葫蘆。我看別人的媽媽如何照顧孩子，再用同樣的方式照顧弟妹。可是我不是她們的媽媽，我也缺乏耐心。可憐的弟妹們受了我很多的虐待。這也是我對他們一生的歉疚。

在我出生的那天，父親對我寄予厚望；然後把責任交付給我，讓我自己去摸索。我獨力學習生活技能好照顧家人，包括煮飯、打掃、個人衛生、分配支出、照顧和陪伴弟弟妹妹。很幸運的是，儘管遭遇許多，我心中的火苗一直沒有熄滅，至今仍能懷抱希望，實現父親當初為我設下的遠大目標。

學會呵護他人的自尊

住在眷村時，我每天上學、放學都會經過村門口呂伯伯的小饅頭店。呂伯伯的家人都在中國大陸，呂伯伯始終沒有再娶，我想他可能因此把所有心思都放在他做的饅頭包子上面。小店擺滿紅豆包子、肉包、菜包和其他小點心，散發出麵粉蒸熟後的香氣，每次經過我都口水直流、空蕩蕩的肚子咕嚕咕嚕叫。我有時會在店門外徘徊，只想多聞一點誘人的香氣。

有一天，呂伯伯注意到我站在外面，問：「妹妹，怎麼不進來？妳老是站在外頭。」

我說：「包子聞起來好香，但是我沒錢買。」

呂伯伯想了一下，笑著說：「我有個主意！我不能免費送人包子，但是我們可以打個商量，如果妳到附近走走，從垃圾箱撿一些玻璃瓶或報紙，帶來這裡，就可以跟我換包子。」

「真的嗎？」我的眼睛亮了起來。

「就這樣說定了？」

「好，呂伯伯。謝謝！」

從此之後，我和弟弟妹妹會到街上撿沙拉油瓶、米酒瓶、醬油瓶，還有好多的報紙，我們把這些東西放入背在肩上的粗麻布袋，全部帶去給呂伯伯。一星期大約一、兩次。

到了小店，呂伯伯會仔細檢查我們帶去的東西。他數一數瓶子、用他的老秤秤一下報紙，我們在旁邊焦急地等待。接著，他叫我們排好隊，把熱呼呼的包子放到我們手上，另外還會多給我們幾顆讓我們帶回家。

我們四個就在店外的人行道上品嚐美味的包子。對我們來說，這些包子是非常難得的美食。回到家之後，我們也迫不及待地和父親分享。真的好吃極了，尤其那是我們辛苦工作得到的獎勵。

我四十五歲時，在一個美麗的秋日，駕車駛過喬治華盛頓公園大道（George Washington Parkway），金色和紅色的樹葉宛如燃燒的火球般在陽光下閃閃發光。突然間，我的腦海閃過從來不曾想起的呂伯伯和他的饅頭店。我突然恍然大悟：呂伯伯人很好，但是他不是只救濟貧苦人家的小孩，他想出的那份協議，是為了讓我們有尊嚴地拿他的包子。他讓我們用工作換取食物，維護我們的自尊；那不是施捨，而是交換。

在我們幼小的心裡，我們認為自己是因為做好他交代的工作，才得到那些包子。現在我有能力幫助別人，經常會想到呂伯伯。我問自己：「在助人的時候，我有沒有顧及對方的尊嚴？」助人的目的是讓對方開心，還是讓自我感覺良好？

我不想凸顯對方缺少什麼，而是希望他們變得更好、幫助他們發光發亮。

父親教我「施比受更有福」

一九六三年超級強烈颱風葛樂禮侵襲臺灣；我們從收音機廣播得知這場颱風的威力驚人，可能釀成嚴重災情。只見大雨下不停，屋裡的水位漸漸升高，淹沒了眷村。父親要我們爬到閣樓，坐在木樑上。木樑連接同排八間房屋，因此坐在上面，和其他住戶都擠在一起，有些帶了蠟燭或食物，不過很多人兩手空空。沒人預料到水會淹得這麼嚴重。

隨著水位不斷上升，大家越爬越高，有些人乾脆坐到屋頂。美軍派遣直升機送來援助品，直升機飛得很低，甚至可以看到裡頭的飛行員。他們把一箱箱熱狗和奶粉丟下來。我記得那些罐裝奶粉叫做「克寧」（Klim）。長大了以後才知道那是把英文的牛奶（milk）倒過來翻譯成「克寧」。

父親爬上橫樑時，帶了一鍋白飯和一罐醃黃瓜，到了用餐時間，他開始準備把食物分給我們。一個小男孩過來向我們要點東西吃，他的媽媽不好意思開口，就派他過來，看看父親願不願意分一些食物給他們。父親二話不說，打開泡菜罐子，把汁倒在我們的飯上，再擰緊罐子，將整罐泡菜遞給小男孩。

我靜靜地看著這個場景，在這個燭光搖曳的夜裡，父親不知道這個簡單的舉動如何改變我的一生，我也是在很多年後才發現這是影響我至深的關鍵時刻。

父親把泡菜罐交給男孩的那一剎那，我了解到，給別人東西的時候，要把比較好的給人家，而不是給別人剩下的。那才是真正的付出。

我知道這違背「先把自己顧好」的原則，也知道有些人無法理解為什麼要這樣，不過我認為這才符合奉獻和助人的精神。全心全意幫助別人，你就沒時間過度擔心自己的事。你給予別人希望、幫助別人，自己也會變得更好，更能以感恩的心去檢視和面對自己的挑戰。

這個觀念也不全然都是對的。這些年下來，我也再三反省，這樣的作法是不是矯情？算不算是對我的丈夫和兒女不公平？

這個觀念的衝突，是我們夫妻之間許多問題癥結的源頭。

瘋女人的小孩，要帶什麼顏色的康乃馨呢？

國小三年級時，有一天在升旗典禮時，校長宣布我得到作文比賽第一名，霎時，操場上所有目光都聚集到我身上，同學面面相覷、無法置信。我恍惚地走上講台，從國語很難懂、但是精通日語和臺語的朱驕陽老校長手中接過獎盃。那天回家時，一群孩子跟著我。我很擔心他們會把我的獎盃搶走。

父親看到獎盃也很驚訝，不過他說，讓父母榮耀是小孩唯一的目標，他自己也是光耀門楣的好兒子，因為他擅長寫詩和寫書法。的確，父親晚年時，臺灣和洛杉磯的中文報紙經常刊登他的詩詞和書法作品。

儘管我希望父親以我為榮，我卻努力想忘記自己有母親，尤其每逢母親節的時候。唸小學時，同學們別上粉紅色的康乃馨向母親致敬，父親則叫我和弟弟妹妹佩戴白色的康乃馨，要我們說我們是沒有媽媽的孩子。

粉紅色康乃馨代表生命和讚頌，白色康乃馨則代表死亡和哀悼，兩者都令我不自在。尤其有一年母親節，師長要我在全校師生面前發表演說、頌揚母愛的偉大。我站在講台上，麥克風的音量調到最大，我充滿感情的聲音在校園中迴盪。

陽光照耀著我的制服，上面別了一朵白色康乃馨。我描述自己沒有母親的生活；我其實根本不愛我的母親，對她沒有任何感情，只有深深的恐懼。

我看著台下觀眾，只見一片粉紅色的花海中交織著幾朵白花。白色毫無生氣，但是粉紅色也看不到熱情。除了粉紅色和白色，難道沒有其他選擇？媽媽是瘋女人的小孩，屬於什麼顏色的康乃馨呢？

成長過程中沒有媽媽也帶來其他問題。開始發育後，沒有人告訴我該怎麼做，我不知道自己需要穿胸衣；月經來潮，我還以為自己會流血過多致死。我擔心、尷尬，卻沒有討論的對象。我意識到自己的胸部隆起，為了不引起注意，我開始彎腰駝背走路。我對自己身體的變化感到陌生與驚恐。當然，我知道女人和女孩生理上的差異，但是變化過程對我來說完全是個謎。

因為身體的變化，內衣褲不能拿出來曬，得永遠藏在毛巾下面。月經紙得藏在自己的房間裡，不能被男性看到。胸部得永遠藏在層層的衣服裡……。父親這些迂腐的教導和批評，長期以來都讓我有揮之不去的自卑感。

我很優秀，卻也很慘澹！

國中時，我代表學校參加台北市演講比賽的前一天，學校教官把我叫到辦公室，尷尬地告訴我，我必須戴胸罩，因為沒穿胸罩會破壞學校形象。他說話時，一直盯著我的胸部。我覺得好丟臉，很想挖個地洞鑽進去。

我的衣服時常帶有油煙味，又髒又臭，因為我不知道放學後要先換衣服再煮飯，事實上，也沒有多的衣服可換，所以制服老是散發油煙味。我們沒有抽油煙機，連洗衣機都沒有。全家的衣服、床單、毛巾都是我用手洗的。

高中時，有同學是摀住鼻子和我說話的。但，我並不知道自己很難聞！

高中時期，我的成績不錯，但是身上散發異味，看起來也笨手笨腳。有一次，我準備參加全市演講比賽，老師要我向同學借制服，但是沒人願意和我交換。最後，終於有個同學同意讓我在比賽時穿她的制服幾小時，不過她拒絕換上我的校服。她坐在體育館最後一排，身上蓋著老師借她的外套，等著我回來。我找到她，把制服還給她。我到現在都記得她用手帕遮住鼻子和嘴巴的模樣，我臭兮兮的綠色制服和黑色百褶裙，就擺在她身邊。

那場演講比賽我得到不錯的名次，學校掛起祝賀的海報。一直到今天，我還是很喜歡演講，雖然青春期的我時常覺得自己很丟臉，不過也是在那段時間，我發現自己有公開發表演說和寫作的天賦。

父親令我驚喜的時刻

父親強迫我擔負成年人的責任，從心理學的角度來看，也許是所謂的「破壞性親職化」（destructive parentification），也就是父母與子女的角色反轉，孩子被迫承接父母應該扮演的角色，這算是一種虐待。

不過事實並非如此。從小，我們接收的觀念是父母賜予我們生命，所以我們必須光宗耀祖。父親經常引用華人父母常說的：「身體髮膚，受之父母，不敢毀傷，孝之始也。」我們一生中最重要的任務是光耀門楣。此外，我們也不習慣把愛掛在嘴上，雖然我現在偶爾會告訴弟弟妹妹我愛他們，但是整體而言，我們不會把愛說出口。我向父親展現我愛他的方式，就是尊敬他，讓他以我的成就為榮。

西方人可能很難理解，不過解釋起來很簡單。父母將你帶到世界上，把你養育成人，你一輩子都要報答他們的恩情。你有義務讓父母感到光榮，帶給他們喜悅，另外要孝順、聽話，實現他們無法實現的目標。你必須堅忍不拔、吃苦耐勞。

我就是靠著這種精神，勇於嘗試、從不輕言放棄，才得以成功創業。

在我成長的那個年代，飯桌上祖父母最先吃飯，再來是父母，最後才是孩子。很多華人認為把年邁的父母送到養老院是不孝的行為。無論在臺灣或中國，法律都規定孩子有贍養父母的義務。孩子在道德和法律上都必須照顧父母，這樣的關係不僅限於父母和祖父母，也包括祖先。

許多華人家庭生活的重心是敬拜祖先，將刻著歷代祖宗姓名的祖先牌位安放在神桌上，透過祭祖儀式，把整個家族連繫在一起。農曆新年時，我們會跪地祭拜，表達對祖先的尊重。有些家庭每天都拜祖先，有些則是在特定的節日，尤其清明節一定要掃墓、上香。先人賦予你生命，你也要延續家裡的香火。

我的父母顯然不完美，但是我不想抱怨自己的出身。母親生病絕非她願意，父親雖然不容易相處，卻也教會我很多道理、灌輸我敬業與不服輸的態度。

在最貧窮、絕望的時候，父親偶爾也會展現出令我驚喜的舉動。大約六歲時，有一天，我和他一起坐公車回家，看到一名男子在腳踏車上賣蘋果，那是我一生中見過最美、最紅、最亮的蘋果。蘋果對我們來說是奢侈品，我們在家很少吃到，所以我問父親可不可以買一顆給我時，真沒想到他會照做。只見他迅速跳下公車，選了一顆最漂亮的紅蘋果，上車拿給我。那一刻，我覺得自己好幸福！

童年時，我們經常因為貧窮而遭鄰居嘲笑，彷彿所有人都擁有我們沒有的物品。我們如果想看電視，就得爬上籬笆或站在鄰居家窗外，偷看別人家的電視。鄰居一發現我們偷看，就會立刻拉上窗簾，或是用力把門關上。看得正投入的我們，就得失望地走回家。

父親似乎注意到這件事。有一天，他扛了一台黑白電視機回家。他不喜歡鄰居那樣對待我們，所以想辦法湊足錢，替我們買了一台電視。這台電視也許得讓父親預支工資？去賣血？我不得而知。

我十歲那年，父親再次出乎我意料、送了我一隻漂亮的銀色手錶。雖然他手頭不寬裕，但是他說我長大了，每個少女都需要手錶。我很珍惜這份禮物，每天替它上發條，放在耳邊，聽到滴答、滴答、滴答的聲音，就覺得心滿意足。

多年後，有一次我去游泳，小心地將手錶放入外套口袋。不過走出泳池後發現，錶已經被偷走了。我好傷心，父親送我的每一份禮物我都很珍惜。

正如先前提過的，我們不太擅長用肢體表達感情，也很少說「我愛你」。父親表達愛的方式，就是在生病時照顧我，並盡所能地給予我和弟弟妹妹他能想到的事物。我決定赴美求學時，父親對我說：「我們張家從來沒有出過博士，我希望妳拿到博士學位、光宗耀祖。妳去美國，也可以幫忙聯絡我在中國大陸的孩子。」

所以，出國留學不是只為了自己，也是為了列祖列宗和整個家族的未來。這是我對父親養育我的回報，和表達一個乖女兒該做的事。

第五章

潔心探母

高三那年，我開始到精神病院探望母親，自此三十年間，直到母親過世。我並非自願這麼做，是外公把我騙去的。

我十八歲時，每個月都會去外公的辦公室看他，他會給我一點零用錢。就在我十八歲過後的幾個月，有一天，外公說要帶我去看他的住處。由於沒有人知道外公住在哪裡，我還以為自己即將成為第一個受邀到外公家的人，甚至可能見到外公的現任妻子——聽說是有名的京劇演員。

在我和弟弟妹妹眼中，外公是非常神祕的人。他不准我們主動聯絡他，我們從來不知道他離開辦公室後回到哪裡。阿姨甚至雇用過私家偵探跟蹤他，想探查他的住所，不過都沒有成功。直到他去世後，我們才看到他另外的家人，包括妻子、小孩和孫兒。他和另一個家庭過著與我們完全分隔的生活。他從中國大陸帶了兩家人到臺灣，直到他去世前，我們都不知道他的另一個家在哪裡。

「潔心，跟我來，我帶妳到我家看看。」外公有一天說。

我太想知道外公的祕密，完全不疑有他。我們坐上計程車，車子直接把我們帶到母親居住的精神病院。

看到那棟宛如大型墓碑的建築，我開始渾身顫抖。

我們下了計程車，外公握著我發抖的手走進去，我一直躲在他後面，雖然他的個子不高、十分削瘦，但是躲在他後面我還是比較安心。他緊緊握住我的手，我們站在訪客室等著他的女兒、我的母親出現。

突然間，在長廊的另一頭，我看到母親像小女孩似地朝著她的父親奔來。她開心地擁抱外公，花裙在她身後宛如扇子般散開。她蒼老了不少，也許因為從來沒有餘裕使用保養品，日子也過得辛苦，但是我在她身上同時看到年老和年幼。她當時三十八歲左右，看起來歷盡滄桑，但是在外公面前，她的舉止就像小女孩一樣。

我已經有好多年沒有見到她，感覺好陌生。她的身形憔悴，比印象中小好多。我曾經拚命躲藏、不敢面對的可怕女人上哪兒去了？這是我第一次把她當成真正的人看待，而不是發狂的生物。不過我仍然心存恐懼，那次見面我幾乎沒和她說話。

過沒多久，我們坐上另一輛計程車。外公說：「潔心，我老了，沒辦法再照顧妳媽媽，妳長大了，她現在是妳的責任。」

他把這個責任交付給我，不是交給我的父親；他也沒打算和我商量，只是吩咐我照他的話做。

從那時起，母親成了我照顧的另一個孩子，我開始定期探望母親。我會拿食物或錢給母親，但是不讓母親牽我的手或觸摸我，並確保我們坐在庭院、避開上鎖的房間，而且兩人離得越遠越好。

外公帶我去探望母親後，我向學校的朋友王清慧（Carol）和幸代珍（Stanla）透露母親的事。我害怕單獨去見母親，也畏懼和精神病患關在同一間房裡。我擔心自己去看母親時，沉重的金屬門會突然關上，我會被其他病患攻擊，或是警衛忘記放我出去。

我當時相信，任何正常人只要待在那裡太久，都會發瘋的。

母親要錢，以及回家

還好我並不孤單，幾名好心的同學輪流陪我去，稍稍緩解我的恐懼。當時要是沒有清慧和代珍的輪流陪伴，我應該無法堅持下去。她們一直陪伴我到高中畢業，上大學之後我就可以一個人去看她，雖然每次都還是很痛苦——我必須鼓起極大的勇氣，才有辦法和母親共處一室。

我盡可能縮短和母親相處的時間，每次都坐得離她遠遠的、不讓她碰我。我只打算露面、給她一些零用錢，然後迅速離開。我不想和母親有太多牽扯。

母親開口閉口只談兩件事：「錢」和「回家」。

「我想回家，我想回家，我想回家。帶我回家。為什麼我不能回家？妳是不是永遠不帶我回家？為什麼不帶我回家？」

母親不斷嘮叨，唸得我簡直快要瘋掉。為什麼母親不能回家呢？是真的因為母親瘋了，還是父親和我另有盤算？我會在下一章說明那關鍵的一天。

在療養院，我是成年人，母親是孩子。我必須解釋她為什麼不能回家。我儘量用最大的耐心說：「家裡沒有人可以照顧妳。我們都要上班上學，如果妳在家，忘記關瓦斯，整間屋子都會燒掉。妳不能一個人待在家裡。」

實在很諷刺，我小時候住在孤兒院時，父親對我說過一模一樣的話；顯然我被訓練得很好。我還告訴她，等我完成大學學業、開始賺錢，就會去接她。

但是，我從沒打算帶她回家，那只是騙她的。

如果沒提回家的事，她就是唸錢：「給我錢，我需要錢，現在就要。」我的確會給她錢，但是她永遠不滿足：「再來一點？多一點。我需要更多錢！」我給她的錢永遠不夠。接著我們會爭論，因為她都把錢花在買煙和買酒上面，我不希望她抽煙喝酒。我和院內小店的阿姨商量，請她們不要賣她這些東西，但是後來我就沒那麼堅持了。

在她生命最後三年，我告訴店家，她想要什麼都可以，只要她開心就好。

我和她慶祝過一次她的生日。那是我們母女第一次一起野餐。我突然拿出生日蛋糕，想給她驚喜。她開心地吹熄蠟燭，然後以迅雷不及掩耳的速度用手挖蛋糕、放進嘴裡，速度快到我以為她會噎住。

「留一點蛋糕給妳的室友，留一點給護士和看護，妳不能一個人全部吃掉！」我急著說。

她繼續狼吞虎嚥，同時上氣不接下氣地大喊：「我很餓！妳不知道我有多餓！我不想分給別人，如果把蛋糕帶回去，他們會全部拿走。」

我坐在那裡，看著她把一個大蛋糕吃得一乾二淨。我了解她所說的飢餓感，那不只是關於食物，而是內心被挖空的感覺。

最後那些年，我們的關係沒那麼緊張了。每次去看她，她已不再向我要東西，而是說：「謝謝妳來看我。回去吧，回去妳的家人身邊，別來見我。我很好，妳走吧。」反而是我希望多待在她身邊問她問題、想多了解她。

這時母親會說：「快走吧，別在這裡浪費時間。走吧。」她甚至想把錢還我，說：「我不需要錢，妳才需要。妳需要錢照顧妳的家人，不要再給我錢了。」

諷刺的是，我和母親一輩子糾結的關係，居然是以這種方式結束。我準備進一步了解她的時候，她卻希望我好好過自己的生活，不用牽掛她；她要多少錢、多少東西我都願意給，她卻不想要了。

在這場感情的牽扯中，我輸了。

當我做好心理準備，想進一步了解母親的時候，開始對她產生無比的好奇。我去精神病院探望她，希望盡可能從她身上挖掘資訊，不過又不能刺激她或讓她太疲累。

我花了很長一段時間希望多知道關於她的事。那時我已不再畏懼她，畢竟我的血緣有一半出自於她，而且我對她知道得實在太少。

除此之外，我也想了解她的病情，這樣一來，如果我發病才能早一點警覺。我一直提心吊膽地等待那一天來臨。

這時母親已經離開松山療養院，換到另一家光是車程就至少就要花六小時的療養院。我會替她帶些點心，像是水果、甜點，或是鞋子、口紅之類的小東西，就像探望小孩一樣。後來我不但能忍受與她相處，甚至開始期待。

她向我描述她在中國富裕家庭成長的過程：她由保母撫養長大，因為她的母親有精神疾病，沒辦法照顧她（不知道母親有沒有想到我和她一樣，有位患有精神疾病的媽媽；在她神智清醒的片刻，能夠稍微理解女兒的感受）。

有時我問她從外公那裡聽到的故事，她都否認，那些記憶已經離她太遙遠了。不過她好聰明！真的很可惜，我時常希望能借用她的腦細胞唸書。母親過目不忘，能夠精確、生動地回憶各種畫面和事件。她可以背誦舊報紙、詳細描述電視上看到的東西。有一次她搶走我的皮夾，把自己鎖在女廁裡，出來時已經記住我的地址。她真的非常聰明。

想要被愛，所以不顧一切地愛上

有一天我問她：「妳那麼聰明，記憶力驚人，卻又這麼愚蠢，居然嫁給父親。他大妳那麼多歲，而且那麼窮，簡直是一無所有。妳當時年輕美麗，為什麼要嫁給父親？」

母親垂下頭，凝視自己的手，不停揉搓，彷彿答案在她的手裡。

「媽媽，為什麼？」我又逼問了一次。

她看著手，小聲說：「我只想要有人愛我，我只想被愛。」

天啊，我們的命運怎麼如此相似！

二〇〇〇年，我告訴母親，父親去世了。她像孩子一樣放聲大哭。

「我不懂，媽媽，為什麼流這麼多淚？何必哭成這樣？那個男人從來沒有照顧過妳。從來沒有。他沒來看過妳、沒給過妳錢、沒給過妳愛，妳為什麼哭？」

「因為我愛他。」她一邊抽泣一邊說。

「可是為什麼？妳為什麼愛他？」我很想知道。她的眼淚如此真實，完全不用營造情緒、不用回想這個對她很惡劣的男人的美好回憶，而是當場哭了出來。

「我愛他。」她又說了一次，這次彷彿是對自己說。

但是他從來沒有愛過她，對比非常強烈，他一點也不關心她，甚至從來不曾吩咐我們照顧她。她被關起來之後，對他來說，她就不存在了。父親甚至要我們幾個孩子在母親節戴上白色的康乃馨。

我讀過父親的詩，詩中描述他與母親悲慘的婚姻，她如何嫉妒地撕毀他在中國的妻小的所有照片、剪掉他在上海生活時訂製的高級法式西裝。他說和她在一起的生活只能以地獄來形容，而她則是不顧一切地愛上他。

有一天我恍然大悟，母親在精神病院的心情，就像我和弟弟妹妹在孤兒院、不知道父親會不會來看我們一樣。她非常孤單，而且比我們當時還要孤單。她不但被關起來，還要和自己的大腦奮戰。我終於明白那種生活對她來說有多可怕；因此，後來我大概一個月會去看她一次。這對我來說也是一種療癒，彷彿我回到兒時我們的彼此陪伴。

二〇〇六年，我去看母親，告訴她我要搬回美國，無法那麼常探望她了。我給她我最好的朋友劉淑真（Jang Liu）在臺灣的電話，讓母親遇到緊急狀況時可以聯絡她。我以前不可能這樣做，因為母親會不停打電話騷擾，要求她帶她回家。但是我已經不再像對待小孩那樣對她，而是換一種方式和她相處，因為這樣似乎更有成效。

我告訴她，我每個月都會匯錢到她的銀行戶頭。

和母親共遊日月潭的幸福

我以前不太敢帶母親到公共場合，擔心她讓我難堪，但是在她變得平靜許多之後，我告訴她，如果她可以保證控制自己，我就帶她去野餐。為了以防萬一，我還安排一位護士和我們一起出遊臺灣中部的日月潭。日月潭是臺灣的必遊景點，湖水綠得宛如翡翠，山光水影，景致如畫。我很小的時候，父親帶我去那裡玩過，我們還在那裡拍了一張合照，他一身筆挺的軍服，我則穿著美麗的白色裙裝。

母親一到日月潭，就開心說道：「我的爸爸帶我們姊妹來日月潭玩過！」一路上，她的舉止就像小女孩，不停望向窗外，那是她很久無法踏入的世界。我們在傍晚抵達，我開車載母親沿湖繞了一圈，中途停下來吃我準備的點心。

我們坐在湖邊靜靜喝茶。母親有多久沒有置身大自然？她被關的這段日子，不知道錯過了多少事。

我一直感到內疚，深知我擁有的一切都是母親犧牲的結果。我避開母親，卻永遠無法擺脫照顧她的義務。

那天在湖邊，我小心翼翼地坐在她旁邊看著她，彷彿她能察覺我的感受。船過水無痕，鳥飛不留影，可是我們習慣守住不愉快的回憶，拒絕讓傷口癒合。

那一天，我突然開始同情母親。

一直到返回精神病院途中，母親都表現得很好，我大力稱讚她。也許我可以再次提起勇氣帶她出去玩，也許下次我會試著牽她的手。我感謝上天讓我們活著，隨著時間流逝，一切都會回歸平靜，就像湖水一樣。我希望內心的平靜能夠浮現，修補我們破碎的心。

那一天，我覺得很幸福。

即將赴美前，我比母親還要感傷。母親體諒地說：「妳要去照顧孩子，回去好好照顧他們。」我知道自己很可能不會再見到她，所以感觸特別多。我開始有一點愛她，雖然只有一點點，還沒有愛到可以告訴她的程度，但是經過這麼多年，我還是對母親產生了感情。

那是人與人的連結，不是母親和女兒的關係，因為她從來沒有當過我的媽媽——她沒有替我做過一頓飯，也不曾幫我梳頭、蓋被、哄我睡覺，但是我們依舊有這段緣份。

至少，我還有母親，不論是什麼樣的母親。

我到精神病院探望母親的時間約三十年，一開始是被外公騙去，不得不探視那個在我幼年時曾想把我按在水裡淹死的女人。一開始只覺得痛苦、恐懼，但是隨著時間過去，恐懼一點一滴消失，內心的傷口漸漸癒合，我也願意逐漸正視那段過去；為了找出真相，我甚至不斷地發問，試圖了解過去。

在這三十年裡，我成了母親，也開始了解母親，我可以試著想像她是多麼想念她的孩子。我照顧自己的孩子的同時，也治療了我內心的創傷，讓我從另一個角度看待

第六章

松山療養院的一天

在剛上大學那一年的一天晚上，父親突然說要和我一起去松山療養院看媽媽。隔天早上，我們兩人心情沉重地默默出門。沒想到還沒走到公車站牌，公車就來了。當車掌小姐吹哨子、示意司機關門的那一剎那，父親和我用力敲車門、要公車停下。我們堅持地跟著公車跑了幾步，公車司機終於改變了主意，停下來讓我們上車。

我們上車後，環顧四周發現還有很多空位。這輛公車的座位是挨著兩側的長板凳，所以乘客不是盯著對面的人看，就是將眼睛閉上，避免和別人眼神接觸。我和父親迅速走到中間，並肩坐下，繼續我們前往松山療養院的旅程。

二十六號公車通常很擁擠，尖峰時段真的就像人們常形容的「沙丁魚罐頭」。但是，由於現在是早上十點，這趟車程出奇地安靜悠閒，我們甚至可以好好討論即將展開的會面。但是我們兩人都沒有開口，好像一切都已經決定，沒什麼好談的。

我們共同的難題！

我靜靜坐在那裡，回想父親前一天對我說的話；父親也一言不發，閉著眼像在沉思，顯得鎮定自信。唯一沒那麼平靜的跡象是父親的兩隻大手，不停地轉動著手中的傘柄，暗示了父親在思考到那裡之後，該如何和對方協商。

我當時心想：「父親的手好大。」父親的膚色很深，手上突起的青筋很明顯。那是我小時候喜歡握住的手。

我這次出門沒有握住父親的手，甚至在我們上車時，我都沒有扶著父親，防止自己摔倒。如果是妹妹和父親一起來，她絕對會一直牽著父親的手，妹妹比我和父親親近多了。

「不知道結果會如何？」是我一路上唯一掛心的想法。

前一天，父親給我看一封信，那是醫院的正式來函，收件人是張樹芸的先生張�仇，信上表示「張樹芸的精神狀況已獲得改善，必須出院，並說她目前最大的問題是無法適應院外生活，而非思覺失調症」。

這也難怪，母親至少在醫院住了十幾年。

這次會面對父親意義重大。在過去十幾年當中，父親從未到醫院探訪妻子、或替我的母親帶衣服或食物。這一次，是父女第一次結伴去醫院探視我的母親。

探望母親對我來說不是什麼新鮮事，不過和父親一起來卻是頭一遭。而且醫院的信是寫給父親，不是給我們兩人，我不想參與這件事。不過父親向我描述，如果同意醫院的要求，會給我們帶來什麼後果。所以不只父親不願意，我也不希望母親回家。家裡沒有多餘的空間，我們當時住在繁忙街道旁、位於四樓的三房公寓，更何況大家都要上班、上學。

父親刻意和我一起討論如何安排母親的去處，彷彿把我視為另一半一樣地商量——我們一起構思如何擊敗醫院體制。

父親先是說自己年紀太大，無法照顧我的母親；後來又說這樣一來他得辭職待在家裡照顧母親，不然就是我必須輟學在家。

「妳媽一個人待在家裡一定很危險，如果她忘記關瓦斯怎麼辦？如果她沒鎖門就跑出去怎麼辦？」父親認真地問。

此外，父親說：「朋友如果發現妳的瘋子媽媽搬回家住，他們會怎麼想？誰敢來我們家？哪個腦袋正常的男孩子會想和妳約會？」

「我乾脆出家當和尚好了，讓你們處理這些事。」父親最後下了結論說。

母親在松山療養院又多待了兩年

醫生應該是根據專業判斷才認為母親的情況好到可以回家，如果真是這樣，繼續把母親關在那裡就很不人道！但父親對母親毫無感情，我覺得很難過。父親從不說母親是他的妻子，也不稱我的母親為「我孩子的媽」，就是直呼她的名字。

然而，我剛考上東吳大學英文系，在那裡如魚得水，不但結識很多新朋友，還一起參加舞會、唱歌或野餐。高中念了三年女校，男同學的關注讓我覺得格外新鮮有趣。我也喜歡用英語和美籍老師聊天，討論臺灣的政治。這是到目前為止一生中最開心的時光！

我不想輟學照顧母親。

「下一站，松山療養院，請緊握扶手，直到公車完全停妥。」車掌小姐用擴音器愉快地宣佈。父親突然睜開眼睛，看起來精神抖擻。兩人都下定決心了。

當我們跳下公車，身後的車門關上，母親的命運也就此拍板定案。

走入醫務室，父親和我兩人各坐在一邊，母親被廣播機叫到了院長辦公室。

母親進來時，手上還夾著煙頭，她一屁股地就坐在中間的板凳上。院長和護士坐在另一邊。

院長耐心地說：「張先生，你夫人的病早就好了，根本就不能住在這兒浪費社會資源。你是不是能夠安排把她接回家呢？」

爸爸開始老淚縱橫說：「醫生，如果她回去，出門瓦斯爐沒有關，或者是動不動就打罵小孩，我該怎麼辦？我的年紀大了，這四個小孩年紀又這麼小，要我在家裡看著他們的媽媽，誰出去上班賺錢養家？」

其實那時候我已經在工廠裡打工賺錢、幫忙養家了。但是父親並沒有提這件事，我也沒有反駁。我只是靜靜地坐在那兒。

媽媽開始說話，不過，她的聲音有點大，情緒有些激動。她大聲地說：「我要回家！我要回家！你們不能老把我關在這裡，這裡是地獄，很多妖魔鬼怪。我是孩子的媽，我要回家！」

爸爸指著媽媽對院長說：「你看，你看，精神病又發作了！這樣子怎麼能夠回家呢？」

醫生也沒有辦法。

我看看院長，看看父親，再看看母親，最後問是否可以幫我們找到另外一家醫院，幫忙把媽媽轉到那家醫院去？

我和父親上演了一段沒有預演卻很有默契的戲，我成了父親特選的小助手。

結果，母親又在松山療養院多待了兩年。

第七章

青春昂揚，但澀口澀心

國中三年級，我發現了男孩和西洋音樂

我最喜歡披頭四和灰狼一族（Los Lobos）的音樂，也好愛〈美國派〉（American Pie）這首歌。發現這些音樂，就像發現全新的宇宙，它們點亮我的生活、賦予我力量，讓我覺得自由自在。我把父親給我的買菜錢挪用一小部分去買唱片。因為我是模範生，學校讓我在午休時間播放音樂。我在家裡扯著嗓子高唱〈昨日〉（Yesterday），沒有人知道我在唱什麼，但是沒有人敢叫我安靜，這讓我在家裡有了優越感。弟弟妹妹已經因為我的好成績而欽佩我，現在我還會唱他們聽不懂的英文歌。

我開始注意一個男孩。我忘了他的名字，不過到現在依然記得他的臉孔。當時八成是荷爾蒙的關係，我無可救藥地墜入愛河。在家政課學會打毛線後，我決定為心愛的男孩打一條圍巾。我存夠錢，買了深綠色和藍色的毛線，晝夜不停趕工，確保每一針都打得完美，只要看起來不對勁就拆掉重打，而且拆了不只一次。

完工後，我寫了一封情書，把信和圍巾包得漂漂亮亮，然後請另一名男同學幫我把禮物送給他，希望能得到他的回應。

他沒有回應。

後來，我因為這條圍巾吃盡苦頭。不知何故，包裹落入訓導主任手中。他把我叫到辦公室，在我面前打開包裹，要我把情書唸給他聽。他說他對我的行為感到失望，女孩子要端莊一點，這樣大膽示愛太丟人了。不用說，我羞愧萬分。

由於那條圍巾，學校取消我的音樂廣播，演講也被他人取代了。直到我國中畢業前，他們都不讓我上台演講。

表達自我的平臺被奪走後，我又回到退縮、缺乏自信的模樣。我困惑、羞愧，責怪自己為什麼不能「正常」一點。我的耳朵太大，看起來像小飛象（Dumbo the elephant）；我的頭太扁，可能是因為嬰兒時期很少被大人抱，長時間躺著，頭骨因此變得扁平。我覺得自己好醜，不但身材矮小，還戴著像玻璃瓶底一樣厚的近視眼鏡，而且腿短，胸部不成比例地大。父親從垃圾箱撿到我的故事應該是真的——很多年我都認為，親生父母就是因為看到我很醜，才把我丟進垃圾箱。

長大後，格格不入和羞于見人的羞愧感從來沒有完全遠離我；我仍然會想像自己散發臭味、頭髮蓬亂、穿錯衣服。

昔日的夢魘依然揮之不去。

我一直難以脫離這些負面的自我形象的另一個原因，是從來沒有人說我長得還可以，更別說誇我漂亮。父親從來沒有稱讚過我的容貌，老師、朋友、男同學、男友，甚至我的丈夫也從來沒說過。直到我四十八歲時，昔日的上司康容美（Michele Kang）看到我和兒子一歲時的合照，照片中的我二十七歲。

「妳看起來好美！」她驚呼。

她的反應如此真誠直接，我的眼淚差點奪眶而出，我忍住眼淚告訴她，從來沒有人說我漂亮，她隨口說出的評論讓我感動得不知所措。我現在六十多歲，已經成熟到不需要外界讚賞，我知道自己無論內在或外在都很美，而且活力十足、容光煥發，雖然我的後腦勺還是像熨衣板一樣平，但是我不再為此感到困擾，反而認為那讓我看起來更可愛、更獨特。

不過，覺得自己不夠好的念頭總是潛藏在內心深處，每當我缺乏自信時，這些想法就會出現，告訴我「我不夠漂亮，不值得擁有好東西」。

直到五十五歲之前，我都不敢走進高級精品店，連高檔百貨公司尼曼百貨（Neiman Marcus）都不行。一靠近那些地方，我就雙腿打結、膝蓋發抖。我可以替孩子或朋友買昂貴的禮物，卻認為自己只配得上二手名牌店的東西。

為了消除這種心魔，我會刻意走進機場的薩克斯第五大道（Saks Fifth Avenue）、LV之類的精品店。我替自己設定目標，例如一開始為別人買禮物，或是替自己買一點小東西，像是香水或化妝品。

類似這樣的內心交戰不斷出現，我希望有一天，我能夠不再那麼嚴苛地批評自己，可以好好欣賞自己、相信自己值得擁有一切美好的事物。

從小缺乏母愛，沒有人給予正面的讚美，使我有根深柢固的自卑感和不安全感，我必須努力抵抗這種感覺。我知道自己堅強、聰明、事業有成，但是那股可怕的聲音仍然不時出現，告訴我，如果連自己的母親都不愛我，我一定天生毫無價值、不討人喜歡。

在養育友芸和友文的過程中，我一直努力讓他們了解人與人的關係可以很穩定、充滿關愛，我希望他們知道這個世界處處是機會，只等著他們探索。我愛我的孩子，不僅因為他們是很棒的人，也因為透過對他們的愛，我能夠呵護自己靈魂深處那個從未享受到被愛的小女孩。我幫女兒梳頭、為她買漂亮的娃娃或絨毛玩具的同時，好像也在照顧內心那個小女孩。

如果能遇到許願精靈，我會要求再做一天小女孩，但是不用做那麼多家務，也沒有那麼多事要憂心。

我希望媽媽能為我親手煮一頓飯、幫我編辮子，然後替我蓋好被子，親我一下，跟我說晚安。

也許有一天，我會變得神智不清，能夠感受到母親從天上降下，幫我蓋被子、好好疼惜我。

也許，那個願望會在我臨終前實現。

堅如磐石的友誼和青春歲月

人的一生往往充滿反差，即使我在學校經常受嘲弄，卻也幸運地交到很好的朋友。我非常珍惜她們的友誼，至今仍然與許多兒時朋友保持聯繫。

除了疼愛我的大學和高中同學，我也有幸在華盛頓結交了一群閨蜜；我可以誠實地分享我的背景而不再擔心受人歧視。她們對我無條件的接納和付出，是我生命中非常重要的動力。

唸東吳大學時，我和陳麗珠（Rosy）與陳文琦（Lynnette）加入同一個社團。我們曾拜託水泥預拌車司機讓我們搭便車到太魯閣，教原住民女生英文。當時那一帶比較窮困，許多年輕女孩被賣入火坑，她們五官深邃，長得很漂亮，有些人被迫到日本賣淫、唱歌，或是到夜總會上班，不然就是賣給來自中國的老兵。把女兒賣掉或送走，父母就不用花錢養她們，還可以吹噓女孩寄了多少錢回家。

我們稱自己為「山地服務隊」，除了教英文，我們也努力說服她們的父母不要把女兒賣掉。我們希望他們理解，只要她們學會英語，就可以用其他方法賺錢。

我們很喜歡到山裡陪伴這些孩子，她們純真善良，也非常認真，可以感覺到她們和都市的人很不一樣。她們的笑聲如此美妙，我們好喜歡她們，所以每個學期都會回去。這也是我第一次意識到女性受教育的重要。

文琦和麗珠經常邀請我到家裡，和她們的家人一起用餐。她們的家庭和我的家庭非常不一樣！她們有爸爸、媽媽和兄弟姐妹。文琦家總是很熱鬧，一家人時常聊天、開玩笑，即使吵架也可以不傷和氣。我和弟弟妹妹從來不敢請朋友到家裡，因為我們不希望他們知道母親被關在精神病院，也不想讓他們看到我們的生活和他們多不一樣。文琦的媽媽經常在廚房裡，等大家都坐上餐桌，她才開始燒菜，因為她希望每個人都吃到熱騰騰的菜餚。她在廚房裡揮動鍋鏟，每隔兩、三分鐘便端出一道菜。一切都和我們家截然不同，但是她們總讓我感覺到我是她們家的一份子，她們從來不會看不起我或瞧不起我的出身。在那裡，我真的有「家」的感覺。

我們相互打氣、支持，也會協助彼此分析問題、提供真誠的建議。我有很多高中和大學時期的朋友後來都移居美國，能夠認識她們真是我的福氣。我剛離婚時，文琦和麗珠特地來華府陪伴我。文琦在二〇一九年撒手人寰，我和麗珠都非常傷心。她去世後，我找到一疊好幾年前我在國外寫給她的信，她把信都留了下來。經歷生命的更迭起伏，我們三人的友誼始終堅如磐石。

一生中能有這些朋友，實在很幸福。

「街道是用黃金鋪成的美國！」

在我成長的那個年代，身為女性，沒有人和我們討論遠大的夢想，但是我始終滿懷希望和抱負。大人都告訴我們，只要用功唸書，未來就一片光明。可是未來究竟能做什麼？

有一天，一位遠親從美國回來，告訴我們那裡的街道是用黃金鋪成的。那番話從此改變了我。我想像自己置身美國，一切事物都觸手可及；我想像自己優雅自信，過著優渥的生活，送別人各式各樣禮物，而不是當時格格不入、臭兮兮的模樣。

為了實現夢想，我什麼都肯做。

準備高中聯考那陣子，我沒有把心思專注於課業。對男孩大膽示愛，遭受羞辱，甚至不能上臺演講，種種打擊使我灰心喪氣、無法專心唸書。我原本以為自己可以考上前三志願的女校。

成績公布後，我的分數只能進第四志願，那是一所男女合校的高中，我對自己非常失望。我擔心自己進入有男同學的高中，又會重蹈覆轍暗戀男生；我擔心自己變得像母親一樣，拚命追求男生，陷入混亂瘋狂的生活。

在考慮要不要重考時，我注意到報上的一則廣告，那是北一女發布的公告，內容大致在說他們即將舉辦獨立入學考試，招收一百八十名學生進入補校。儘管名為補校，但是課程和日間部的學生一樣，老師也相同，而且是穿同樣的制服。

許多像我這樣的女孩有了另一個選項。我立刻以郵政劃撥支付考試費用，然後重新打開教科書，到北一女參加入學考試。榜單公布後，我意外地發現自己考上了。從此，我買了公車月票，開始每天通勤兩小時往返市區上學。

從小到大，父親向來不太管我的課業或是唸什麼學校，我希望這是因為他對我有信心，不是不在乎。他應該很贊成我唸夜校，因為這樣我白天就能打工。那段時間我一直在工作，包括寒暑假和所有假期。我開始賺錢後，父親的經濟負擔突然減輕了一半，我的收入足夠支付伙食費，後來還包含租金，到最後，我的收入可以涵蓋家裡所有開支。

在此之前，我和弟弟妹妹每逢月底都有幾天無法帶便當到學校，家裡有時候連白飯都沒有。爸爸會想辦法被邀請去朋友家吃飯，或是故意去參加一些會議或研討會，他才可以帶些剩菜剩飯回來給我們這群嗷嗷待哺的孩子們吃。我們特別喜歡吃他帶回來的北京烤鴨和薄餅。

唸夜校前，有一天，我問大弟天心餓不餓，他說他不餓，我說：「很好，我也不餓。」我一轉身，淚水就滑落臉頰。那是我們最後一次餓肚子。如今，天心是事業有成的貸款經紀人，但是他也一直同時經營一家餐館，顯然還忘不了童年餓肚子的感受。

烹飪成了我的生存技能

我人生的第一份工作是在一家鐵工廠當女工。不過老闆發現我會燒菜，就要我負責煮飯。他給我錢到菜市場買菜，然後回工廠為所有人烹調午餐和晚餐，工人當中也包括三、四名從鄉下到城裡工作的年輕人，另外還有一位會計，加上老闆和他的太太。

工作地點離我家不遠，所以我每晚都能回家。那些年輕男生住在一個小房間裡，賺的錢只夠勉強溫飽。他們從早到晚在工廠工作，領到薪水後就打扮一下出去玩。他們的收入微薄，臉上的表情盡是絕望和迷惘。

我第一次發現自己會做飯是很幸運的事。我從七歲就開始煮飯給一家人吃，使我能夠靠這項本領謀生。成年後，我很喜歡烹飪，這對我來說就像走路和說話一樣自然。我不用看食譜就能做出一桌好菜，甚至完全不用品嚐。

烹飪是我的生存技能。

我的第二份工作是推銷報紙。我跟著一名推銷員，挨家挨戶推銷訂閱《聯合報》。我記得那個人有一套腳本，他答應分我佣金，不過前提是我必須穿制服和他一起推銷。他專找貧窮人家，告訴對方他是我的父親，必須賺錢才能替我付學費。我扮演他的獨生女，他假裝自己生病，說話時還會咳個幾聲。他向他們表示，只要他們願意訂報，我就可以上學，他也有錢看醫生。那些不知情的好心人幾乎都會答應。我覺得良心不安，所以這份工作持續了不到一個月。

下一份工作是照顧兩名聾啞兒童，母親是老師，他們的父親拋下他們。我穿著制服去面試，她當場就錄用我。這份工作持續了幾個月，直到我得知當英文或數學家教可以賺更多錢。教英語對我來說很輕鬆，學生的年齡從九歲到十二歲都有，他們雖然調皮搗蛋，但是都聰明可愛，求知慾也很強。我到今天都時常想起這些學生，不知道他們還記不記得多年前的英語家教。

我當時的夢想是當記者。接下來的大學聯考，我考上東吳大學英文系。唸大學時，我持續當家教。在那所學校，我第一次看到不同的世界。當時臺灣仍然處於戒嚴階段，政府限制人民的言論自由，我們開始了解政府的腐敗、審查制度以及境外的世界。我的心中燃起希望，決心去自由的地方。

我想到處旅行，花時間思考、觀察和寫作，看看這個廣闊的世界。我第一次獨自旅行是十二、三歲，到臺灣的第二大城高雄拜訪父親的朋友，他們一家人對我向來不錯，把我當成女兒對待。（我時常借用別人的父母，我想這並不難理解，我渴求關愛和支持，很能適應不同的家庭和環境。）

當時我正值叛逆期，父親很樂意讓我到別人家，希望借助別人的力量把我拉回正軌。每次我和父親發生爭執，他都會找我的乾爸、乾媽或其他親戚對我施加壓力，勸我聽他的話，對他尊敬一點。他們找我去家裡用餐，飯後就稍微訓誡我一下，說我應該多體諒父親，分擔更多撫養弟妹的責任。

他們還向我形容，一九五五年以前，父親在中國是多麼英勇的將軍。我的確從未感謝父親為撫養我們所做的犧牲，或是為我的固執向他道歉。他時常說我「冥頑不靈」。

青春期對我來說是個非常尷尬的時期。要是能跳過這一段人生經驗，那該多好呀！

他很好，但我們必須道別

唸大二時，我認識了李淵文（Joseph），他是謙虛有禮的人，對我很好。我一開始不知道他出身富裕，還是臺灣數一數二的有錢人家。他的伯祖父在一九五四年成立一間玩具公司，經營得非常成功。他們家富麗堂皇，父親擁有全市唯一的紅色凱迪拉克。

他的家人不贊成我們交往。

他們在家都說臺語，雖然他的父親會說國語，也知道我不太會臺語，但是他父親拒絕和我講國語。他父親會刻意羞辱我的出身，說話時眼睛從來不看我。有一次他問我父親的收入，我應該警覺那只是另一個讓我感到困窘的手段，但是我天真地回答

「父親每月的收入大約七千五百元」。

他父親哼了一聲，說：「那是我司機收入的一半。」

淵文對我非常好，不過我們沒有公開男女朋友的關係，只有在確定家裡沒人時，才會一起去我家或他家。我們以為自己非常小心，不過父親還是發現我們偷偷交往。他沒有質問我，而是讓淵文難堪。

「你和我的女兒發生關係，毀了她的名節，你要負責。你去找你的父母，告訴他們你想訂婚。」

淵文回家告訴他的母親，她也同意他損害我的名節，而且既然我的父親希望我們訂婚，他就要負起責任。

不過他的父親大力反對。

我當時不知道，父親不僅要求我們訂婚，還提出其他要求：他要李家買一間房子給他作為聘禮。淵文告訴我這件事時，我羞愧不已；於是，我下定決心離開這個家，也下定決心不會嫁給淵文。

我拒絕自己像原住民的女兒一樣，被我父親賣掉！

我告訴淵文我打算去美國唸書，也申請到伊利諾伊州立大學（Illinois State University）的入學許可。

淵文真的很好，主動說要幫我，不但給了我一筆錢，還送我一只漂亮的金手鐲，直到今天我都還珍藏著。

他陪我去機場和我道別，我們至今都還是朋友。

我告訴他我打算寫這本書，而且書裡會提到他，他說：「妳是我生命中很重要的一部分，無論如何我都會幫妳。」

我現在已經不再怨恨淵文的父親了，反而感謝他激勵了我追求更遠大的夢想，儘管最初的動機只是為了證明「他錯了」。

我們一生中會遇到形形色色的人，每個人都扮演不同的角色。我必須說：「我能夠有今天的成就，一部分要感謝李先生。」

第八章

飛翔，卻急轉彎

除了傳說中「黃金鋪成的街道」，我對美國完全一無所知，不過我渴望了解這塊土地，而唸書就是我最好的門票。大學畢業後到伊利諾伊州立大學攻讀新聞與大眾傳播碩士學位的經歷，改變了我的一生。

第一年學期結束後，趁著暑假我和朋友一起到東岸的華盛頓特區打工。我很喜歡這座活力充沛的城市。在那裡，我認識了大我十二歲的美國外交官，也是我日後的丈夫約翰（John）。

整個夏天，我都在一家中餐館打工，但是我把錢借給同事，他拿去賭光了，一直沒還我。夏天即將結束，我沒錢回伊利諾伊州，不過我根本不在乎，我想留在這個充滿生命力的地方。幾個月後我嫁給約翰；儘管沒有拿到碩士學位，父親仍然深深以我的婚事為榮。

我向來熱愛旅行和冒險，身為外交官的妻子，這兩個心願同時達成。而且約翰是第一個讓我覺得自己是正常人的男性。在他眼中，我不是有瘋子媽媽、家庭包袱沉重、以後也可能精神錯亂的人，他看到的就是我原本的模樣。

終於有人願意照顧我。

我很喜歡外交官的外派生活、到處旅行。在逐漸習慣外派之後，我甚至在這個旅程中，找到貢獻一己之力的機會。感謝約翰幫助我打開一扇門，讓我看到超乎想像的世界，我從他身上學到很多！

在瀋陽，他們請我們喝糖水！

一九八四年到一九八六年，約翰奉派美國駐瀋陽總領事館。當時那座城市正經歷大幅度轉變，為了建造新房子或新大樓，老房子不得不拆除；很多人在街上販售自家物品，其中有些是具有歷史價值的古董。我拜訪出售家中古物的人，也和他們結為好友。

其中一個人的家裡是由磚頭搭蓋而成的，屋內有可以燒柴加熱的「炕」；那種床在冬天嚴酷漫長的中國北方很常見。他們生活拮据，幾乎可以用家徒四壁來形容。我們去拜訪時，他們把糖放入缺角的玻璃杯中，加熱水後然後請我們喝。

我不太喜歡喝糖水，但是陪同的領事館人員告訴我們，那是他們家最好的東西，代表對我們的尊重。當時的糖是用配給的，他們把糖給了我們，他們這個月就沒有糖可吃了。

在華人文化中，我們會把最好的東西給別人，這樣送禮和收禮的人都能感受到喜悅。我們不是送別人可有可無的物品，或是不想要的東西，而是和別人分享最好的。這已經超越了贈與，而是真心付出。

為心愛的人付出，只要是無條件的愛，彼此都能從中受益。你知道自己是發自內心地付出，他們也知道你信任他們的決定。他們的決定可能與你的不同，但是尊重他們的選擇，才是更珍貴的禮物。

為不認識的人付出也是一樣。捐款給慈善機構，或者只是給無家可歸的遊民幾塊錢，但不要把自己的道德規範強加在對方身上。重要的是了解他們需要幫忙，並尊重他們可以自己決定如何運用那些錢。想一想自己需要幫助時，希望別人如何對待你——我想大多數人都希望受尊重，而非指揮和控制。

巴基斯坦的女監獄

當約翰外派巴基斯坦時，主要工作是監督毒品管制、協助當地政府解決毒品問題，因此有機會安排我探訪當地監獄的女受刑人。我聽聞巴基斯坦監獄的情況不太好，而實際情況，比想像中更糟。

多年前，當地曾有一間協助女囚的慈善組織，由各國駐外使節夫人籌辦。其中一名外交官太太把隱藏攝影機帶進監獄，後來由英國廣播公司（BBC）報導，揭露獄中的惡劣環境。這個事件讓巴基斯坦政府很沒面子，便下令關閉了那間慈善機構。從此之後就沒有人幫助那些女囚犯了。

我想去了解，有沒有我能幫得上忙的地方？

那是我第一次到監獄裡，當時正值夏天，天氣熾熱。我和幾名官員坐了很久的吉普車，到了一處荒涼的地方。抵達之後，我驚訝地發現這裡也是男子監獄，只見到身形削瘦、戴著手銬腳鐐的男性囚犯在掃地。我們在訪客區等候，過了好一陣子才被帶到女子監獄。原來女監就在男監中央，四周以圍牆隔開。

當時正逢雨季，除了炎熱之外，濕度也很高，感覺更悶熱。他們叫所有女受刑人像小學生一樣在我面前排隊，我透過口譯員提問，不過我不知道她們有沒有誠實地回答。

我注意到隊伍中有一名非常漂亮的阿富汗少女，她的皮膚蒼白，一雙深邃靈動的大眼，戴著金色耳環，看起來不像應該被關在監獄裡的人。

我問口譯員她為什麼入獄，他們告訴我，她在街上用假鈔買東西，所以被逮捕。口譯員描述的故事聽起來不太對勁。

「有沒有聯繫她的家人？她的父親或家中其他人知道她在這裡嗎？依法可以從街上逮捕人嗎？」我問。

這個女孩觸動我內心的某個部分，我心想：如果我夠堅持，他們也許讓我替她支付律師費，或者幫忙聯絡她的家人？如果獄卒知道我關心她，他們可能對她會好一點？

第二次探訪是三、四個月後的事情了，因為巴基斯坦政府非常謹慎，遲遲不願批准。這時，那名阿富汗少女已經不在了。我很難過自己沒有幫上忙，常常想起那位美麗的女孩在哪裡？過得好不好？我甚至連她的名字都不知道，也沒有人願意告訴我關於她的事。

就在那時，我決心幫助這些女性，我發起一項援助女受刑人的計畫。

他們只准許我做一些小事，例如替她們帶食物、衣服和書籍。我也向監獄當局保證，不會做出令他們尷尬的舉動。

他們容許我進去，應該是因為外子的職位，另外也覺得我只是提供她們食物或衣服，應該不會造成威脅。我沒有給她們錢或任何有價值的東西，因為我擔心如果無法公平地分給每一個人，可能引發衝突，反而對她們不利。

後來她們告訴我，只要我一離開，獄卒就會從囚犯手裡拿走所有東西。

每次和她們聊天，都會讓我聯想到煤坑爆炸後被困在地底的礦工——我可以和她們說話，但是我知道到了最後，她們很可能因此而耗盡氧氣！我努力安慰她們，要她們保持希望；但是每次離開，我都覺得自己又把她們送回無盡的深淵。

我時常想起其中一名女子，她叫做阿琳娜（Aleena），大約三十五歲。她常和守衛調情，而且是用藤條鞭打囚犯的那種守衛。我透過翻譯和她交談，得知她因為殺害丈夫而入獄。她的丈夫嫌她的嫁妝太少，時常虐待她；這在巴基斯坦和印度很常見，很多女性都是因為這樣遭受丈夫或婆婆的苛待。

每次去監獄，我都注意到阿琳娜在發號施令。她會幫忙分配我帶去的東西，或是叫其他囚犯排隊。她是唯一一個充滿活力的人；事實上，她看起來很開心。

每次我去監獄，都問阿琳娜刑期何時結束，她會說只剩兩個月，或是下個月就離開。但是過了好幾個月，她依然在那裡。這成了我們之間的玩笑。我會說：「啊，妳還在喔？」她會哈哈大笑，然後隨便告訴我一個藉口。

在巴基斯坦，你得證明自己無辜才算無罪。如果沒錢賄賂獄卒或法官，你就永遠出不去。阿琳娜知道這點，但是她始終保持開朗樂觀的態度，讓自己在監獄的生活好過一點。甚至，她讓其他女性受刑人都有點怕她。

阿琳娜很勇敢，對自由的渴望和憧憬也不曾消失。但她離不開那裡，所以她決定興高采烈、滿懷希望。

處於那種環境，很可能消磨求生的意志，阿琳娜也許只是在我和其他人面前強裝勇敢。但我認為那樣的態度很難假裝。惟有像她那樣特別的人和擁有強烈的希望，才能搧動內心的火苗，讓火焰越燒越旺，而且不惜一切代價守護它。

希望是人類與生俱有的本能，但必須悉心呵護。我在阿琳娜身上看到了這一點。

在監獄裡看到最糟的，也看到最美好的人性

和阿琳娜關在同一所監獄的還有一名菲律賓女子，她在那裡待了大約六、七個月。她會說英語，所以我可以直接和她交談。她把所有心思都花在照顧一名在獄中出生的男嬰，沒有人知道他的父親是誰——這些女性很多都遭到性侵。

嬰兒的身上長滿痱子，髒兮兮的，沒有褲子穿，只有一件上衣。他的媽媽無法照顧他，因為入獄之後，媽媽就精神崩潰，不停用頭撞牆、自言自語，無視自己的孩子。有些人的靈魂被埋得太深，即使仍在呼吸卻已經失去了生氣。

監獄一群女受刑人合力照顧嬰兒和他的母親。她們付出愛心，同心協力地延續這個小生命，她們也因此有了共同的希望和目標，這是非常強大的力量。

我在那座監獄裡看到最糟的人性，卻也在那些合力照顧嬰兒、照顧彼此的女子身上，看到最美好的人性。我的孩子兩度和我一起到監獄裡探望她們，一直到今天，這

些經歷在他們心裡留下深刻的印象。

一九九六年，約翰派駐巴基斯坦的任期即將結束前，我和孩子到北部山區的美麗納蘭鎮（Naran）遊玩，很多人形容納蘭是巴基斯坦的瑞士。

我請人準備了一些食物，租了一輛吉普車，沿路停車欣賞四周融化的美麗冰川。我們不時停下腳步，品嚐葡萄和其他餐點。一路上，我們遇到不少游牧民族，他們多半成群結隊，甚至全村一起移動；不過有一名男子隻身前進。

後來我們停在一條小溪旁，用乾淨冷冽的溪水洗手準備享用野餐。那名獨自一人的男子始終和我們保持一定的距離，耐心地看著我們用餐。

我要兒子給他一些羊排。他一聲不響地接下，開始啃羊排，把骨頭啃得乾乾淨淨。他的臉上沒有笑容，他只是靜靜待著。

原來，他在等待我們吃完。他撿起我們丟棄的骨頭，啃食上面殘存的一點肉。他又瘦又髒、鬍子蓬亂，但他展露的尊嚴確深深打動了我。他沒有乞求，如果有的話，我們會給他更多食物的。他也許餓壞了，卻絲毫沒有表現出來。他沒有和我們交談，但是我始終記得他，因為他讓我看到「捍衛自己的尊嚴」。

第九章

兒女成雙，勞燕分飛

當我把懷友芸的事告訴父親時，父親聽到之後卻哭了出來，說：「完蛋了，沒望了。妳會像妳媽一樣，妳也要被關起來了。」

聽到他大聲說出我心底最深的恐懼，我難過極了。

女兒出生，憂鬱襲來

當然，我也一直在想這個問題。我會不會發作？外婆和母親都患有思覺失調症，我怎麼可能不擔心？也許我從母親身上遺傳到的基因，比我願意承認的還多。我經常感到恐慌，我的命運會不會由我的基因決定？有時我滿腦子都是這些事。我適合生小孩嗎？我會不會殺死自己的孩子？我什麼時候會被關到精神病院？

約翰努力安慰我，告訴我父親的說法是錯的。最重要的是，約翰向我保證，他不會像父親對待母親那樣對我。他絕對不會把我關起來。約翰說，即使發生可怕的事，他也會確保我得到適當的藥物治療和支持。

事實證明，我的確有一點產後憂鬱——女兒出生後我開始覺得沮喪。

生產時，我不得不剖腹，也因脊髓麻醉出現嚴重頭痛，迫使我必須臥床一星期。那原本應是喜悅的時光，我卻非常痛苦。那個星期我無時無刻不在哭泣，可憐的約翰一定很害怕，那段期間他都不太敢接近我，可能擔心我真的發瘋了。

約翰走進病房，又很快離開，不知道如何面對我的哭泣和憤怒。我躺在醫院病床上，想像自己像母親一樣被關了起來。

憂鬱症在我的腦中編織謊言：我會像母親一樣精神異常，甚至傷害自己的孩子；現在輪到我了，不久後，瘋狂就會將我吞噬！

我不想被憂鬱擊垮。

我堅持不遵從醫囑，決心離開醫院。我要和女兒一起回家，展開新生活，成為不一樣的母親。我想讓她躺在我的肚子上，讓我們的心跳同步。我不允許瘋狂把我帶離她的身邊。

陷入瘋狂的靈魂如同被鎖在一扇門後，別人聽不清你的呼救聲。這是與自己內心的戰鬥，一邊想努力抗爭，另一邊卻筋疲力盡，想要就此放手，讓自己跌入深淵。

我們會把自己禁錮在無形的監獄裡，內心被憤怒、憂慮或嫉妒束縛，是比身體的監禁還要可怕的。無形的手銬使我們看不到各種機會，因為我們以為「人生就是這樣」。

身體被監禁的囚犯仍有思想的自由，可以透過思考或冥想獲得啟發，但是如果用偏見、憤怒、消極或嫉妒禁錮一個人的精神，心靈會受到更大的傷害。

「在那美好的一天！」

有時我過度沉迷於生命中悲傷的過往。

我的確有過這些遭遇，當時也可能因此受限，但是緊抓住這些傷痛，我就無法前進。我必須從另一個角度思考，必須停下來問自己：「那又如何？」才能讓自己徹底改變、往前邁進。

人的意志力很強大，每個人都能靠著改變想法讓自己脫胎換骨。

曼德拉入獄二十七年，身體遭到禁錮，但是沒有人能限制他的思想，他不斷思考自己與人民的未來、持續書寫和學習，甚至在獄中學會控制情緒。他的堅強與智慧著實令人佩服。

每次回想起自己幾乎可說是被奪走的童年——從小就得擔負那麼多家務和責任——我知道那是不公平的，也知道自己值得過更好的生活，但是我毋須執著於過去，因為現在的我可以決定接下來的生活要怎麼過。我可以決定放下，或是把這段沉重的記憶背負在身上。

我完全接受童年經歷的一切，而且我找到超越傷痛的方法。這樣一來，我就不會被過去掌控。已經發生的事不會改變，我也不可能聽到任何理由或道歉。

我在心裡切割和那段經歷的連結，釋放自己。

三十七歲時，有一天，我做什麼事似乎都很順利。我心情愉悅地開車回家，在心中細數一天下來發生的好事，嘴角不禁上揚。突然間，一個念頭如閃電般擊中我：「我擁有美好的生活、有一對漂亮的孩子。我沒有發瘋，而是過著很多人夢寐以求的生活。」

我搖搖頭，用力眨了眨眼，不得不將車子暫停在路邊。我走下車、倚著車門，望向四周色彩絢爛的秋葉。我大聲笑了出來，就在那一刻，我毫無疑問地知道，擔心變得像母親一樣的恐懼，已經過去了！

在此之前，我時常憂慮自己精神崩潰，我花很多時間告訴自己我不會發瘋、再也不會過貧窮困苦的生活。

在那美好的一天，我發現自己超越那些恐懼。我已經完全將之擺脫，我在過很好的生活！我會沒事的。

那一天不會來臨！

我深呼吸，吸入清爽冷冽的空氣；樹木和天空在夕陽餘暉照射下變成金黃色。我像傻瓜一樣咧著嘴笑，又深呼吸了一次。我從來沒有覺得這麼輕鬆自在，我終於放下了。

傷口必須花時間清理、治療。如果不去正視，傷口可能漸漸潰爛；假使不肯放手，怨恨和痛苦會一直伴隨我們。檢視過去的傷口，好好照顧它，讓自己變得更健康。你也許得原諒自己或生命中的某個人，也可能要和心理治療師聊聊，或是上幾門心靈成長課，找出其中原委。這是必經的路程，也是幸福生活的竅門。把經歷過的點滴串連在一起，釐清頭緒，找出自己生命該有的模樣。

擔心自己發瘋的那段時間，我從未想過每個人都有快要瘋掉的時候。每個人都可能遇到被困住、找不到出口的片刻，但這些都只是我們加諸在自己身上的限制。只要擁有希望，就能獲得自由；憑藉希望，才能點石成金，將恐懼轉化為夢想。

在巴塞隆納享天倫樂

提比達波（Tibidabo）是坐落在西班牙巴塞隆納郊外山上的遊樂園，也是我女兒最喜歡的髮型名稱。每天早晨，我問她想梳什麼髮型，她都說提比達波。

我輕輕梳友芸的頭髮，小心翼翼地用小指從臉頰旁拉起頭髮，然後拿漂亮的小蝴蝶結固定在頭頂。友芸有一頭烏黑發亮的秀髮，夾雜幾絡紅色和棕色的髮絲。我告訴她，那些頭髮是她的蘇格蘭和愛爾蘭血統在爭奇鬥豔。

約翰外派到巴塞隆納時（一九八六年），友芸將近四歲，友文還不滿一歲。友芸很快就學會講西班牙話，結交新朋友。她一開始只是模仿西班牙語的腔調，然後重複玩伴說的話。她毫無畏懼地走進遊樂場，四處打量一下，接著就跑向她選中的對象，和他們一起玩。友文則是安靜、自得其樂的小男孩，在姊姊四處征服世界時，在一旁用仰慕的眼神觀察她。

我替友芸買了一件漂亮的紅斗篷，就像童話故事裡的小紅帽一樣。在寒冷的早晨，門房會上樓按我們的門鈴，喊道：「小紅帽！要去森林裡看奶奶了！」然後他牽著我甜美的小紅帽，送她到住家附近山坡上的美國學校。

到了下午，我會用推車推友文，或者牽著他的手走到街角，等待友芸走下校車。友芸總是彎腰親弟弟或抱他一下，友文會傾身迎接姊姊的愛。看到他們如此相愛，我的心充滿喜悅。

我們三人一起去吃冰淇淋，或是在遊樂場玩很久很久才回家。友芸的蝴蝶結隨著跑步和玩耍四處跳動，但是髮型始終保持完好。我們在住家附近探索，發現未曾注意到的奇妙事物。當地人時常彎腰捏捏友文的臉頰，或者摸摸友芸的蝴蝶結，大聲說：「好帥喔！好可愛！」他們問我孩子父母的國籍，也認定我是他們的外傭。

週末到山上的提比達波遊樂園，是孩子最喜歡的活動之一，所以我和先生經常帶他們去玩。友芸喜歡搭乘雲霄飛車，絲毫不覺得恐懼，反而是坐了一遍又一遍。

當雲霄飛車緩緩前進，友文和我在地面，和車上的友芸與約翰招手。友文那時還不會說話，但是他會用手指姊姊，看著她搭乘的雲霄飛車越爬越高，然後突然向下俯衝。我們在入口等他們，友芸朝我們衝來，用中文大喊：「還要！」然後又去坐一次，弟弟則用欽羨的眼神望著她。看著這個自信快樂的孩子，用自己的風格探索世界，我深深以她為榮。我祈禱著她長大後，能夠永遠保有這些特質。

除了愛友芸，我也相當佩服她。她總是勇於踏上她認為有意義的人生道路，而且個性堅強；她是丈夫尚恩（Sean）體貼能幹的妻子，並把三個孩子席慕（Rowan）和席珍（Elizabeth）、席盾（Brandon）照顧得無微不至。

約翰和我，漸行漸遠

結婚之後，我過著不停搬家的生活，約翰的駐外工作把我們帶到全世界。外派期間，我們享有政府提供的寬敞住所，有園丁、守門人和傭人，讓我們不用費神處理繁瑣的家務，生活十分愜意。然而，大房子似乎增加了我和丈夫之間的距離，我們的婚姻變得搖搖欲墜。回到華府之後，我以為我們位於韋奇伍德路（Wedgewood Road）的小房子應該能讓我們重拾緊密關係；我以為距離拉近，我們就能找到彼此的心。

不過實際狀況並非如此。

那些日子，我們對彼此來說都算不上好伴侶，甚至是相互拖累。我們決定接受婚姻諮商，卻引發更多爭論和問題，兩個人都很痛苦。我老是在生氣，我們帶給對方的壓力大到難以承受。

年輕時候的我自卑、沒有自信，不知道怎麼樣打開心結，我也不知道如何溝通內心的想法，大部分時候不知道如何表達自己。

儘管最後約翰和我決定分開，但是他在很多方面都幫助了我。他讓我看到美國的街道的確是用黃金鋪成的——如黃金般的心。我很感謝那段日子，除了讓我發現希望與自由的價值，也了解人性的慷慨和堅韌。

我們時常想太多、過度擔心，以致在夜裡輾轉反側、無法成眠。幸運的是，大多數人都有能力改變自己的生活，找出通往希望的橋樑。即使感到自己被困在黑暗中，我們還是有辦法調整呼吸、緩緩前進。

並非每一刻都是人間地獄，即使遇到一連串不如意的事，也能享受幸福開心的片刻。終有一天，你會發現自己已經穿越黑暗、迎向光明，同時變得更有智慧。

好好呼吸、放鬆一下。世界依然在旋轉。無論多險峻的高山，都會為不畏艱難的人留下一條攀登的路。

相傳愛因斯坦曾說：「什麼叫瘋子？就是重複做相同的事，還期待不同結果。」雖然很多人質疑這句話是否真的出自於他，但是我們可以確定，一遍又一遍做相同的事真的不管用，也令人沮喪。假使希望看到不同結果，就必須嘗試不同方法！

離婚後，我去上了幾堂心靈成長課，那些課程使我頓然開悟、獲益良多。其中最重要的一課是提醒我們欣賞人事物真實的模樣。練習時，學員站在一只茶壺的不同側，分別描述自己看到的東西。有個人描述壺嘴和蓋子，另一個則是描述茶壺的手把和底座。這項練習對我影響至深，我了解到，每個人看到的東西雖然不同，卻都是同一只茶壺。我看到的可能與別人看到的不一樣，這並不代表我的觀點勝過別人的觀點。我也學到了人只能改變自己，永遠沒辦法改變他人。

我最深刻的體會，就是我的妹妹和我很不一樣，我必須學習接受這一點。

我以前時常為了她不聽勸、不肯好好唸書而備感挫折。我認為她不像我一樣努力，所以一直試圖影響、改變她。我責罵她不夠用功，或是把心思放在我認為不重要的事物上。殊不知，她其實才華洋溢，很有藝術天分，而且敏感、幽默、慷慨。

我後來才明白，做我的妹妹並不容易。我過度嚴格、挑剔，我在弟弟妹妹面前扮演母親的角色；我要求妹妹達到我設下的標準，希望她變得更像我。我當時不明白，在這個世界上，美好的生活形形色色，沒有單一的標準。

我必須學習欣賞別人，而不是把自己的價值觀強加在他們身上。丹心從小就創意十足、很有藝術天賦，她有一雙巧手，也很愛我的孩子，對朋友非常大方。她的成就和我的不一樣。

丹心擅長創作飾品，也以自己的作品為榮。我稱讚她，代表我對她才華的尊重。我認同她的才能，鼓勵她找出自己的路，發展她的天賦。透過這種方式，我讓她的火焰燃燒得更旺；我不應該是批評她，而將火苗撲滅。

我學會給予他人真誠的讚美和認同，這對我的個人生活和職業生涯都很有幫助。一個人必須知道自己做得很好，才會繼續朝著那個方向前進，不斷成長。每個人都渴望得到真誠的鼓勵和讚美，你說的每一句話都可能改變對方的生活，幫助他們點燃希望。

試圖將妹妹（或任何人）變成我心目中該有的模樣，不僅浪費時間，也是在侮辱她美麗獨特的靈魂。我希望透過讚賞，讓她的希望火焰越燒越旺。我不再試著控制她的路徑，我們的關係也因此變得更好。

一次旅行，我走進一間小教堂，教堂有幾片美麗的霧玻璃。我發現從教堂的某一側望出去，能夠清楚看到外面的景象，但是從另一側觀看，就完全模糊不清。

後來，我每次檢視自己的生活，都會想到那座教堂的窗戶。每當我感到絕望、迷失或無法專注，就會提醒自己調整視角，透過這個方式，我可以看到更清楚的願景，找出事情越來越好的跡象。生命中的坎坷反而能激發行動，使我們更有能力去愛別人，並且重拾希望。

有情飲水飽，無愛催人老

不是只要能呼吸、心臟在跳動就算活著；熱愛生命、欣賞生命，才是真正的生活。愛的力量毋庸置疑，我相信人類天生就能辨別什麼是愛，因此，如果愛我們的人出現在面前，我們一定感受得到。無論是給予還是接受，愛都能引發獨一無二的喜悅。

我的婚姻結束一陣子後，同事格蕾絲決心幫我找對象。她介紹親朋好友和我認識，每天早上在我的辦公桌上放徵友廣告，還叫我註冊約會網站。我們的另一個同事艾美就是在網路上找到她一生的摯愛。

「妳得吻很多青蛙才能找到王子。」艾美告訴我。

我身邊的人一個比一個熱心。另一個朋友卡爾把我拉到一旁，說：「愛不是有限、需要保留的資源。相反的，妳付出越多，就能擁有越多。」卡爾還說，網路約會提供無限的選擇。

因此，我花了一個下午，到交友網站試水溫，註冊三個月。問卷部分還不錯；我喜歡自我分析的部分。我非常誠實地作答，包括年齡、宗教信仰、喜好和要求。輸入信用卡資料後，我正式成為網路約會世代的新成員。我甚至自己摸索了一番，終於成功把照片上傳到網站，不用找兒子幫忙。（我擔心友文會笑我太猴急，所以不想找他幫忙。他的女人緣向來很好。）

網路約會的叢林裡絕對有青蛙也有王子。我身邊好幾個朋友很久以前就透過網路尋找對象，我甚至因為擔心她們遇到怪人，陪一些朋友赴過約。蕾莎就是這樣約了幾個人見面，不過她和她媽媽會事先用電話質詢、篩選約會對象。

很多人自告奮勇陪我赴約，這在我朋友圈裡彷彿成了全民運動。我開啟交友網站的個人檔案，等著如雪片般飛來的訊息將我淹沒，心想我得找人幫我打電話過濾對象、安排約會時間，甚至組成網路評選委員會。我以為自己即將進入無限可能的約會世界。

我收到的第一則訊息是：「我們很遺憾地通知您，在該地理位置範圍內，沒有符合您條件的候選人。請更改您的條件或輸入其他地理位置。」

我把約會對象的地理位置設在馬里蘭州和北維州，因為遠距離約會太麻煩了，更何況這兩個地方的傑出人才應有盡有。

我等待交友網站替我選擇第一個網路約會的青蛙或王子，感覺就像在Priceline.com上競標，你輸入旅館的星級標準和價格，網站不是恭喜你，就是向你道歉，要求你提高價格或更改位置。

我認為，既然付了錢，就要值回票價。改變條件就失去了意義。如果我想隨便找人約會，又何必花錢和電腦挑選的人約會？

我決定擴大地理範圍，告訴自己，與賓州、紐約州，甚至維吉尼亞州其他地區的人約會也不錯，尤其是紐約市，大城市可能有更多喜歡瑜伽、網球、素食的人。我想像自己在朋友艾莉森的媽媽陪伴下，去紐約進行第一場「面試」，她的媽媽佛羅倫斯到了八十幾歲都繼續擔任法官，我信任她的判斷力。只要是佛羅倫斯喜歡的人，我都願意和他約會。

但是，我沒見到城市明亮的燈光和百老匯音樂劇。我看到的訊息仍是：「我們很遺憾地通知您，在該地理位置內，沒有符合您條件的候選人。請更改您的條件或輸入其他地理位置。」

我心想，那群符合我條件的人，應該包含經常出差或出遊的人，甚至可能擁有私人飛機。我決定進一步擴大範圍。

我把地理位置設定為全美國。

相同訊息再次出現後，我開始思考自己的期望。既然我的標準包括語言，我很可能找到像我一樣的華裔美國人，也許退休後住在臺灣或中國大陸，接觸他們的唯一方法是將亞洲納入搜尋範圍。

第四次收到相同的回應後，我發現這個網站可能不太適合我。我檢視另一個網站，但是裡頭的照片看起來有點可怕。我的猶太人朋友似乎都對網路交友讚不絕口，但我不是猶太人；我也不知道如何用電腦輸入中文，而且由於時差的關係，與住在中國或臺灣的人聊天可能有點困難。

我把令人失望的結果告訴朋友，他們都很驚訝，不相信怎麼可能一個人選都沒出現。我不得不向他們承認我設定的標準。

「四十五至五十歲；素食主義者；必須喜歡瑜伽、網球，熱愛旅行和閱讀；必須會說中文和英文；必須有碩士以上學歷；必須有一定收入水準；單身；沒有小孩或子女已成年；發表過文章或書籍。」

我的朋友蜜雪兒叫我坐下，指示我更改年齡限制並刪除至少一半的標準，然後要我向她報告結果。我沒有改，我不屬於網路約會的世界。我的王子必須出現在我面前，到時候，如果得調整標準，我才會考慮。

這是我的選擇，我的生活。我選擇抱持希望！我們不能什麼事都精打細算，受傷或拒絕都是愛的一部分；我不能因為恐懼而逃避。

真愛超越生命長度、心靈寬度、靈魂深度

愛是人類的基本需求。除了空氣、食物和水這些最低層的生理需求，我們也需要安全感，再來就是愛和歸屬感。當然，愛有很多形式，像是父母對孩子的愛、男女之愛、手足之間的愛，或是人對動物和物品的愛。總而言之，每個人都一定會愛某個人或某樣東西。

在旅行或生活中，我見過被愛的人，也見過沒有被愛的人。沒有被愛的人會四處尋找，通常是到不健康的地方，也可能因為不再相信自己值得被愛而變得冰冷。

成長過程中缺少愛的人，最不擅於和自己相處。學著愛自己得花時間，我們必須相信自己很重要、有能力讓世界變得美好，才能改變對自己的想法，也知道怎麼去愛別人。

我很久以前就想去泰姬瑪哈陵；大概有五年時間，我都把這件事列在我的新年新希望清單裡。後來我終於動身，親眼看到泰姬瑪哈陵，那一刻令我永生難忘。那座陵墓比我在雜誌上看過的任何照片都要壯觀，很難以文字形容它的美麗。我站在那裡，驚嘆不已，完全忘卻周遭成千上萬的遊客。

泰姬瑪哈陵是蒙兀兒帝國的皇帝沙賈汗為心愛的妻子慕塔芝瑪哈建造而成，位於印度阿格拉（Agra）附近的亞穆拉納河河畔。沙賈汗和慕塔芝瑪哈的陵寢都放置在這座以純白色大理石打造的建築裡，象徵男人對女人最深、最真切的愛。

沙賈汗在四百多年前統治印度的大部分地區。慕塔芝陪同沙賈汗征戰途中，分娩第十四個孩子時，不幸難產而亡。沙賈汗信守對妻子的承諾，終生沒有再娶，獨自生活了三十五年。他花了二十二年，請來最好的建築師和工人，使用來自世界各地的寶石和阿格拉一帶最好的大理石，動用二萬二千名人力為她建造了泰姬瑪哈陵。後來，沙賈汗的兒子奧朗則布篡位，將他軟禁在附近的阿格拉城堡。他就這樣眺望著遠方的泰姬瑪哈陵，度完他的餘生。

沙賈汗希望人們來參觀泰姬瑪哈陵，所以主建築四周都蓋有供訪客使用的招待所。至今，每年大約有八百萬名世界各地的遊客來此旅遊，祈求浪漫與愛情。

我的父母無愛的婚姻或是我自己破碎的婚姻，最終都帶來美好的事物。我的父母生了四個孩子；而在我的婚姻中，我和先生都不愛自己，所以陷在各自的痛苦裡，不過我們也生了兩個漂亮的孩子，為我們帶來無比的快樂和榮耀。即使無法維繫的婚姻，也能夠引發對孩子最深的愛。

我很喜歡「阿拉斯加之死」（Into the Wild）這部電影，裡頭有一句話：「只有學會原諒，你才能去愛，只有你去愛了，上帝的光芒才會照耀在你的身上。」我必須學會原諒我的父母、我的前夫和我自己的不完美。我們的婚姻都有其獨特的價值，我也從中學到很多。

什麼是愛？如何愛一個人，愛到「我」不復存在，被「我們」取代？如何不讓愛火熄滅？我一直未曾到達那樣的境界。愛是否代表除了另一半以外，對其他人都沒有感覺？是否代表那個人能夠滿足你所有需求或要求？

愛包含愉悅，藉由親密關係讓身心合一，感受到在對方懷中醒來的喜悅。但是，如果無法控制妒嫉，或是完全占有另一個人身體和心靈的強烈渴望，那麼愛也會帶來痛苦。

我們可以超脫地愛人嗎？佛陀告訴我們，依戀和執著會帶來痛苦。

我凝視著泰姬瑪哈陵，這座美麗的建築和愛情的證據令我感動不已。我知道自己值得被愛，即使我的父母不相愛，也沒有教導我們愛的意義，但是他們確實愛我，我也愛他們。我最深的愛給了我的孩子，我全心全意地愛他們，而且是無條件的愛。因為我愛他們，所以能放手、讓他們展翅高飛。

泰姬瑪哈陵教導我，我必須付出我的愛。如果愛一個人，就要讓對方知道，不能有所保留。最重要的是，我必須愛自己，才能把最好的一部分獻給對方。

愛是亟欲和另一個人分享喜悅；愛是幫助彼此成為更好的人，能夠以更柔軟、關愛的心面對世界。

遠方傳來喚拜聲，霧氣從山谷冉冉上升，月光輕拂泰姬瑪哈陵。我覺得自己好幸福，那一刻，我下定決心要放手去愛。愛我的工作、家人、員工，還有命中注定的那個人。我發誓要引導出自己和別人最好的一面，毫不保留地愛。

這就是泰姬瑪哈陵的意義。

「成年後的我，必須學習好好愛自己」。以前我從來沒想過這件事，身為母親，我總覺得要為孩子犧牲、給孩子最好的，剩下的才給自己。你拿他們不要的，燃燒自己、照亮他們，那是我認為母親該做的事。但是我真正對愛了解多少？

我的母親沒辦法為我們做這些事，更不用說向我們表達她的愛。這對我造成很大的影響，我花了很長的時間才明白自己並非不值得被愛，只是她沒辦法愛我。

在我成長的年代，我們不會談論愛家人，更不用說愛自己。百善孝為先，我們要替父母和祖先爭光、必須尊重長輩。那也是華人社會人際關係的基礎。

我必須思考如何將光耀門楣、孝順和責任感與美國愛人愛己的觀念相結合。美國文化比較重視個人主義，認為要先顧好自己，再來照顧世界。這和我們的傳統觀念不太一樣。我們沒有自我。你要對社會盡責、尊重祖先和父母，不能讓家族蒙羞。這就是我們的信念。

除了希望和自由，我到美國之後，也發現愛自己有多重要。在美國，沒有人在乎我的母親是否患有精神疾病，他們不會用這件事來評斷我這個人。

我就是我。

上了大學，開始約會後，我才逐漸了解親密關係是怎麼回事。我就像受傷的鳥兒，害怕被觸摸，相信身體的接觸只會造成傷害。直到二十歲，我才知道寶寶是怎麼來的。父親甚至告誡我，和男生握手要用手帕隔著，否則會發生「不好的事」。這種說法在當時很常見，我是在非常保守的環境下成長。有些女學生還搞不清楚發生什麼事就懷孕了，最後不得不輟學。我們的性知識實在很貧乏。

我一直到了五十二歲，才真正理解、欣賞感官的享受。我不僅能讓對方歡愉，也能從身體接觸中獲得快樂。我不再為自己的身體感到尷尬，而是享受身心靈的結合。

愛有很多種形式，現在的我，可以自由自在享受各式各樣的愛。

第十章

成立鼎世聯邦顧問公司

從小，大人就告訴我們，只要全力以赴就一定能得到回報。我對此深信不疑，這成了我希望的源頭，我相信自己可以掌控命運，做出一番成績。

一九七九年，我到美國伊利諾伊州立大學攻讀大眾傳播碩士，最後拿到會計學的學士學位，並於一九九四年取得會計師執照。

大學畢業後，我全心養育兩個孩子，同時隨夫婿派駐世界各地，包括巴基斯坦、中國、西班牙和俄羅斯。一九九六年我們從巴基斯坦回到美國；一九九七年，我通過美國國務院財務官的口試和筆試。那是我一生的轉捩點，我發現自己能夠和約翰平起平坐，像他一樣擔任外交官，代表美國派駐世界各地，讓家人以我為榮。

職場的無形天花板

最後，我不得不放棄那個夢想，因為約翰不願像我為他那樣，跟著另一半外派。後來我去上班，至今二十多年，投身於聯邦政府承包商這個行業。所以我要感謝約翰，如果我去當外交官，就不會創立鼎世聯邦顧問公司（DSFederal）了。

有一陣子，我在一間規模不小的公司上班。有一次，我簽下重要客戶，為公司帶來數百萬美元的進帳，但是到最後，他們卻把我排除在外。在與客戶簽約的會議上，他們要求我替大家倒咖啡，甚至把我好不容易談到的客戶，交給進公司不久的年輕男同事負責。

美國職場的無形天花板與中國古時候的纏足十分相似。在過去，很多男性只願意娶裹小腳的女人，出身寒微的女子由於腳小而能夠嫁出去，但是也因腳小，所以做家事格外困難；報酬是結婚，付出的代價卻是過得更辛苦。如同我的例子，他們吩咐我替所有人倒咖啡，而不是獎勵我、把客戶交給我負責，反而交給了另一名男同事。

就在那時，我決定成立自己的公司。

決心創業並非一朝一夕的事，而是一步步摸索前進。我了解自己的處境，決定不要直接抗爭。那間公司顯然不尊重女性的貢獻，我選擇離開，而不是待在那裡為了女權而戰。如果我可以挑戰自己、創辦自己的公司，又何必和不欣賞我的「男孩俱樂部」（Boys' Club）正面衝撞。

我當時五十歲，身材嬌小，又是亞洲移民女性，我認為自己最可能突破職場天花板的機會，就是開創自己的事業。

在此之前，我從未想過可以擁有自己的公司，但是我知道如何承攬政府業務，也知道成立工作室可以維持生計。我來美國是為了尋找用黃金鋪成的街道，我知道該是獨力發展的時候了。雖然在過程中，我時常質疑自己的決定，責怪自己不該那麼衝動地離開。不公平的待遇雖然讓我憤憤不平，對未來的不確定更是令我擔心害怕。

遇到這種時候，我別無選擇，只能叫自己最大的敵人安靜，也就是腦海中不斷出現的聲音。那股聲音限制我的行動，告訴我永遠不會成功，童年的遭遇就是很好的證明，顯示我無力改變眼前的生活。

不過，我有更充分的證據，證明我一生中一次又一次地克服困難、達成目標，這次也絕對會如此。我必須專注於那些事實與證據。

五十歲的我和二十二歲的兒子

於是，在五十歲那年，我離開舒適穩定的工作，成立自己的公司。我把房子拿去抵押借款，將畢生積蓄投入於創辦DSFederal。我的願望是把最優秀的人才與最頂尖的技術結合在一起，而且我相信，相較於更大型、更知名的競爭對手，我可以花更多心力照顧每一名客戶。

二十二歲的兒子也加入公司，幫助我實現夢想。

一開始只有我們兩個人坐在餐桌旁，打開筆記型電腦，喝了一杯又一杯的臺灣綠茶，努力為自己打氣。有時候清晨一兩點鐘，兒子罷工，假裝睡著、不理我，然而我需要有人替我修改文法。我只好打電話給他的好朋友Nakio，如果Nakio沒接我的電話，我就打給Justin，如果Justin沒接，我就打給Martin。如今這些年輕人都是社會的精英——Nakio是醫生，Justin和Martin都是資深的公務員。每年這群年輕人聚會，都會講起他們當年警告對方「我沒接Michael的媽媽的電話，小心她會打電話給你，叫你改她的文件」，他們總是笑成一團。這是多美好的回憶呀！

創業初期真的萬分艱苦，我們屢屢遭逢挫敗，大公司毫不留情地打壓我們，我們遇到太多不公平的事。我們大可放棄，但是那不是我們的作風。我們決心尋找救兵，後來果真找到美國「中小企業管理處」（Small Business Administration, SBA），藉由這個組織的力量，我們得以建立基礎架構、取得初步的成績。

中小企業管理處嚴格的標準和程序幫了我們很大的忙。如果沒有中小企業管理處的「企業發展計畫」（8(a)Business Development Program），以及美國衛生公共服務部（HHS）「弱勢中小企業應用辦公室」（Office of Small and Disadvantaged Business Utilization,OSDBU）的協助，以及安妮塔．艾倫（Anita Allen）和安奈特．歐文斯—斯卡波洛（Annette Owens-Scarboro）的指導，DSFederal就不會有今天的成就。

這類計畫的主要目的在於培養少數族裔的企業主，讓他們在九年內漸漸茁壯成長，進而指導其他少數族裔擁有的企業。中小企業管理處區域辦公室的安東尼歐．多斯（Antonio Doss）傾力相助，讓我們在預算不多的情況下做了很多事。

為了回報政府機構的支持，DSFederal一直以來都致力為少數族裔和女性提供工作機會，我們六五%的員工是女性，六〇%為少數族裔。此外，我們也鼓勵員工實現自己的夢想。我相信只有接受過8(a)培育的公司，才能理解中小企業面臨的挑戰，也最有辦法輔導其他渴望成功的創業家。

每次為剛進入職場的年輕人提供建議時，我都再三強調計畫的重要。除此之外，找尋能夠提供指引的前輩也非常重要，我希望自己當時有尋求前輩的建議。信任與經驗同樣不可少，生活中的所有體驗都像一塊塊拼圖，你永遠不知道何時能派上用場，但是在不久的將來，你一定會發現那段經驗有多珍貴！

我也相信回饋社會不僅是好事，也是重要的人生哲學，更該是任何事業的基礎。很多人都聽過「付出越多，得到越多」這句話，根據我的經驗，這個說法絕對千真萬確。

我從來沒有想到自己能有今天的成就，也從未打算創業，但是我最不怕的就是付出。種越多善因、得越多善果，宇宙就是這樣運作。

我希望藉由DSFederal，讓世界變得更美好。

雖然我到了五十歲才創辦這間公司，而且一開始經濟狀況堪慮，一切都那麼不確定，我仍然決心放手一搏。我不會持續做相同的事，期待出現不同結果；雖然害怕，但是我想換個方法做事。

我要滋養心中的希望，相信自己的直覺，鼓起勇氣闖出一番天地，打造我該有的生活。

熬過經濟衰退和政府停擺

DSFederal剛成立時，只能以慘澹經營來形容，我們資源太少，卻得做很多事。在那個階段，我們必須把心力放在自己能做的，而非做不到的事。創業時，你不能過度關注別人在做什麼，而是專注於自己能夠做些什麼，並善用手中的資源開創新局。

我讀過一篇文章，講述馬拉威青年威廉．坎寬巴（William Kamkwamba）的故事。由於乾旱與飢荒，家裡無力供他唸書，但是他不想就此放棄學業，便盡量找機會自修，希望來年收成好時可以復學。那段時間，他經常去當地的圖書館自學，因此發現一本介紹如何運用能源的書，例如用風車來抽水和發電。

在馬拉威，風是上帝賜予的少數天然資源，所以他立志為家人和村莊打造風力發電機。他用別人眼中的破銅爛鐵拼湊出一台風車，讓他們家成為全國僅占三%的有電人口，也改變自己的命運。我認為這就是創業的精神：運用手中的資源做更多事。

我們在二〇〇七年十一月剛起步時，必須維持精簡、保持彈性。當時全球景氣開始衰退，接著就出現二〇〇八年的金融危機，並非成立政府承包商的理想環境，但是我們熬過經濟衰退和二〇一三年的政府停擺。對我們來說，大環境一直不盡理想，不過這反而是好事，讓我們從一開始就著重於精簡、靈活。

創業前兩年，我時常不確定公司撐不撐得下去，甚至無法寄錢回家照顧家人。幸虧華府的大善人、成功的企業家李志翔先生雪中送炭，借了我二十萬美元。

在二〇〇九年，神奇的事發生了。

弱勢中小企業應用辦公室的專員安妮塔・艾倫找我開會。當時我名下只有大約六百美元，開始還不出貸款，公司一直沒有拿到合約。我頻繁地和政府官員會晤，不過都沒能帶來後續的業務。我知道她可以幫我打氣、給我支持。

到了她的辦公室，她遞給我一張紙，我不明就裡地接下，只見紙上寫了一個人名，她要我聯繫那個人。我注意背面有人隨手寫著「三十萬美元」。

我趕緊與對方聯繫，約好見面的時間。那時已接近年底，大多數合約都簽定了。我帶著茶葉和花去和丹・梅爾尼克（Dan Melnick）開會，可以感覺到他很想和我簽約，趕快把事情敲定。後來，他問我這份合約價值多少錢，我不加思索地回答：「三十萬美元。」我語氣平靜，但是心跳得好快。

通常我會好好計算一番，考量承攬這份工作要花多少時間和精力，但是我認為，我看到那個數字不是沒有原因。我決定相信自己的直覺。

最後，我果真以三十萬美元得到那份合約！那筆錢給了我自由，公司也因此跨出第一步，前進的腳步一直延續至今。我們的業績蒸蒸日上，一切都是從那份合約開始。它把我們拉出困境。

那一天，我孤注一擲，也因此得到回報。

一直到現在，無論遇到順境或逆境，我們都致力於照顧客戶和員工。我成立這間公司，是為了讓世界更美好；我們的所作所為都必須以誠信為本，不管是對待合作夥伴或客戶，或是做事的方法。我們相信只要秉持初心，支持符合公司理念的客戶，就能吸引最優秀的人才，這樣一來，無論遇到任何難關都能度過。

參議院聽證會作證

二〇一三年五月八日，我很榮幸地受邀到美國參議院聽證會作證。那是參議院小企業與創業委員會（Senate Committee on Small Business and Entrepreneurship）主席、路易斯安那州民主黨參議員瑪麗・蘭德里歐（Mary L. Landrieu）主持的聽證會，主題為「強化少數族裔女性創業的生態系統」（Strengthening the Entrepreneurial Ecosystem for Minority Women），目的在檢視一九八八年為協助女性創業而制定的「女性創業法案」（Women's Business Ownership Act）。

聽證會的重點是「女性企業擁有權法」自二十五年前頒布以來取得的成功，以及增加獲得資本和信貸的機會、獲得聯邦合同的機會以及技術援助和諮詢計畫的資金。參議員蘭德里歐計畫採用當日證人提出的想法，並將其作為重新授權法律的基礎——這是參議院自一九九九年以來從未做過的事情。

當日在委員會上作證的名單如下：

——美國小企業管理局（SBA）副局長：Marie Johns

——少數民族商業發展局（MBDA）全國副主任：Alejandra Y. Castillo

——伊娃朗格利亞基金會創始人：Eva Longoria

——全國城市聯盟總裁兼首席執行長：Marc Morial

——DSFederal Inc. 創始人兼首席執行長：Sophia Parker（就是我）

——Brighton Enterprises Inc. 和 Open-Box Creations LLC 擁有者：Dixie Kolditz

——Lancaster Packaging Inc. 總裁兼首席執行長：Marianne Lancaster

我在這個聽證會中，分享了我的創業感言：

作為一個在臺灣長大的女孩，我不知道擁有遠大夢想意味著什麼。我是班上的資優學生，但出身貧寒，我相信我能擁有的最高職位是接待員或秘書。有一天，一位遠房親戚從美國回來告訴我，美國的街道上鋪滿了金子。有人告訴我，只要你努力學習和工作，你可以做任何事情。我的生活被永遠改變了。

我希望那個夢想不僅僅是一個夢想。我希望它成為我的生活，我願意做任何我必須做的事情來實現它。像我這樣的少數族裔女企業家的成功，代表了美國真正的成功。美國的街道確實鋪滿了黃金——金子般的心；SBA的支援和辛勤工作、勤奮努力……

我站在臺上描述自己的故事，讓他們了解一名出身貧寒的女子，如何憑藉希望和努力闖出一番天地，並透過自己的公司貢獻社會，為少數族裔和女性創造機會。無論在家裡還是公司，我知道我最擅長扮演媽媽的角色，所以身為公司老闆，我也盡量展現這個特質，我關心員工的福祉，在乎他們午餐吃什麼，把他們當成家人看待。

說完故事後，我環顧四周，看到幾個人在擦眼淚。我知道自己的故事打動了他們，我讓他們了解到，鼓勵像我這樣的人學習、成長和分享希望，有多重要。我們最珍貴的資源就是人，所以要投資在他們身上，讓人們相信自己，滿懷希望和正面的能量。

擁有希望，才能精神抖擻地面對每一天；希望讓我們期待明天來臨，也相信明天會比今天更美好；希望是人類的本能，沒有希望就沒有渴望、抱負，也會失去求生的意志；希望如同每天呼吸的空氣，讓內心的火苗持續燃燒。

到了美國之後，我開始學習不受外力拘束而按照自己的想法行事，也漸漸學會愛自己。我運用成長過程培養出的毅力和決心，加上希望和自由，以及相信自己只要立定志向，終究能成功的信念，開創了一番天地。童年時為了生存而學到的生活技能，也對我有莫大幫助。

我實現了所謂的「美國夢」。

我是移民，又是少數族裔女性，靠著自己的力量打造出心目中的生活。透過這本書，我想呼籲世界各地的年輕人、新移民、女性、少數族裔、五十歲以上的人，以及弱勢群體，你們也能做到！

藉著這本書，我也希望告訴大家，只要善用天賦，勇敢邁出那一步，每個人都能在自己的舞台上發光發亮。生活不可能一帆風順，我有時也覺得沮喪，但是我知道如何發掘出每個人最好的一面，向他們學習。

儘管我的父母並不完美，但是因為他們，才有今天的我，他們以獨特的方式塑造了我。我身邊圍繞著愛我的人：我心愛的兒女、我的手足、親人，還有員工、朋友和社群，這些都是我的家人。

前往喀布爾

二〇一四年，我和兒子友文代表公司的慈善機構DSFederal-IDEA基金會，前往阿富汗首都喀布爾。我們打算去難民營，了解我們籌募並捐贈的資金是如何運用的。

我們一行人帶著食物和衣服，坐上一輛卡車。車子開了很久，終於看到一排排用泥土或破損的軍用帳篷搭建而成的小屋。街道泥濘溼滑，許多男人圍在一起聊天，無所事事，小孩則是在一旁工作，搬運貨物或包裹，擦鞋、擦車窗……等等。

我問那些成年人為何不工作，他們告訴我小孩比大人容易找到工作，所以他們派小孩出去賺錢。

我看到一群人在難民營外面曬太陽閒聊，就問可不可以到他們家裡看看。其中一個人同意了。他的住所是用泥土蓋成的小屋，地板也是泥巴地，門是一條厚軍毯。裡頭沒有電燈，牆上有一些小洞，讓光線照入。

那個人挑起軍毯，讓我和兒子、翻譯進入幾乎一片漆黑的屋裡。等眼睛調整過來後，我看到牆邊的被子在動，口譯員告訴我有人躲在被子裡。我問他們為什麼要躲起來。

口譯員說：「他們從沒見過外國人。」

「有多少人住在這裡？」我透過翻譯問。

「十二個。」男人得意地說。

我努力掩飾震驚，問：「你的孩子幾歲？」

他告訴我，最大的孩子二十二歲，最小的兩歲。

「大一點的孩子在街上打零工。」

每名阿富汗女性平均生五個小孩。避孕措施不但不容易取得，甚至有很多人認為避孕是罪過，相信生越多小孩、家族就越有面子。但是，隨著阿富汗的出生率不斷攀升，女性因分娩致死的案例也越來越多。若能提升避孕措施使用率，就能挽救許多婦女和兒童的性命。

突然間，我看到房間的角落閃著微光，原本以為是小洞射進的光，後來才看到蒙面罩袍。屋裡實在太暗，我甚至沒發現角落有人，那是隱藏在網紗後的眼睛散發出的光芒，她的罩袍裡有一名幼兒。我請口譯幫忙，讓我與這位女士交談，口譯員說她很害怕，因為她從未見過外國人。

她非常安靜，不過還是講了幾句話。她告訴我小孩生病了。當天稍早，我們曾參觀一間診所，我告訴她可以帶孩子去那裡接受免費治療，她說她想帶她的小孩去診所。口譯員告訴我，這些部落地區的婦女，如果沒有得到丈夫同意並由他陪伴，就無法走出家門。

我們也告訴她關於裁縫工作室的訊息，那是我們贊助的另一項計畫，目的是讓婦女學習縫製衣服，在家裡賺錢。我們從美國帶來縫紉機以及所有材料，只要上完課，她們就能拿到所有在家縫紉的器材。我們告訴她工作室的地點，以及她可以如何為家人賺錢。

我不知道她有沒有把握機會，不過我衷心希望她踏出那一步。在其他部落，縫紉工作室都卓然有成。我時常在想，這些女性邁出第一步，向完全陌生的人學習完全陌生的事物，不知需要多大的勇氣。她們到工作室之前，對縫紉一竅不通；離開時，已經具備了謀生和為家人賺錢的能力，這確實是很大的轉變。

華冠獎得主

我在二〇一四年回臺灣領取「磐石獎」，作為一個在美國就業的華人能夠得到這份獎，覺得非常的榮幸。

二〇一八年時，白越珠女士（北一女補校的學姐，她是二〇一六年華冠獎的得主），打電話給我，告訴我有一個獎項叫做「華冠獎」。她鼓勵我填寫表格，參加競選華冠獎。

那時我完全沒有聽過這個獎項。可能是因為我創業非常晚，而且我的工作是和美國聯邦政府打交道，所以對這個商業獎項是完全陌生的。

這個「華冠獎」是由世界華人工商婦女企管協會主辦，目的是為了表揚傑出僑、臺工商婦女服務社會、創造事業及促進經濟繁榮之優良事蹟。自二〇〇一年十月開始選拔活動，每三年自世界各地推薦的人選當中，遴選出十位世界十大傑出僑商、臺商婦女得主。

自二〇一七年起改每兩年舉辦一次，藉此鼓勵並肯定傑出僑、臺商婦女菁英於事業及社會公益之成就與貢獻，並樹立婦女學習效法之典範。

「華冠獎」選拔過程相當嚴謹，歷屆參選者都是我國外交部駐外代表處、經文處、僑委會、經濟部、中小企業處、台商會、各大社團以及世界華人工商婦女企管協會從全球「世華」分會推薦的菁英領袖企業家，再經產、官、學、法及社會賢達人士，以公平、公正、公開方式進行初審，再經實際訪視複查而產生。

在知道這個獎項創辦人柯杜瑞琴女士之後，我受到她的精神感召，我同意填寫申請表。這個申請表非常仔細、要的資料也非常多。我一度打退堂鼓。

好不容易把申請書寫完了以後，白越珠女士、董繼玲女士代表華冠獎來訪問我。她們告訴我，這個獎項因為是每隔一年才舉辦一次，而且每次只能選出十位，所以競爭非常激烈。他們告訴我如果沒被選上，可以再接再厲過兩年再參選，千萬不要氣餒。

沒想到我居然當選了。二〇一八年十月，我回到臺灣的圓山飯店領取了這份殊榮。以下是我在第七屆華冠獎典禮上的致辭：

親愛的貴賓，親愛的世華的姐妹們，親愛的各位親朋好友，下午好！

我非常感謝越珠姐鼓勵我申請華冠獎。我也感謝華冠獎的評審和工作人員給我這個殊榮。請容許我把這個殊榮獻給我的子女、員工和家人。沒有他們的支援和努力，我們的公司就不會有今天的成果。

從我被通知我得到了華冠獎的殊榮，到這幾天和莊住維、陳寶鳳、陳子華和所有工作人員的朝夕相處。我親眼看見所有工作人員對我們親切和無微不至的照顧和承諾。我被這個團隊的超高效率和天衣無縫的SOP震撼到了。

但是回頭想想，這一點也不以為奇，因為當你把一群女性，為了共同的理想而聚集在一起，她們會不顧一切地爭先搶後地要奉獻和犧牲。她們能產生的爆發力是不可抗拒的。

我也特別感謝華冠獎給了我九個好姐妹，當我聽到她們創業和成長的故事，我受到深深的感動和鼓舞。從今以後，我也就是你的小太陽了。

凝聚我們這十個拜把姊妹花的是我們有幸能夠成長在臺灣獨特的人性化、濃厚的傳統文化的環境下，對天地人神的敬畏。我們都懂得不忘初衷、感恩和惜福。和我們的祖先一樣，我們都願意冒險、犧牲自己，以及用超人一等的毅力，為員工和家人創造價值而努力。

這不就是世華的理想嗎？這就是無人能夠取代的臺灣能傲視世界第一的企業文化和民族文化企業。相信我：技術絕對不是問題。怎麼樣能夠永續經營就在於你有沒有明確的企業文化，這才是值得你日夜思考的問題。

雖然我們都知道女性現在的畢業率高於男性，並且占勞動力的近一半，但我們也知道她們在通往高管的過程中和在高層管理中的平等表現，還有很長的路要走。

美國標準普爾500指數上市公司的董事會成員中只有22％是女性，只有7％的人擔任富士比千大企業的執行長。我們要鼓勵女性善用她們獨特的細膩和協助她們發揮她們獨特的個人魅力和領導力。我願意和世界上各個角落的世華姐妹們一起努力，協助創造更多的女企業家來回饋社會。

我非常慶幸，創業允許我發揮我的創造力和強烈的母性強項。我沒有被迫在工作和生活當中取捨，對我而言，我就是我的工作。創業迫使我要不斷地學習、解決難題、突破難關。而我也樂在其中。

雖然我實際創業的歷史才十一年，但是人生中的前五十年都是為了造就我創業的暖身運動。也許你的暖身活動不需要五十年，也許你根本不需要暖身活動，因為你生長在一個創業的家庭，是你與生俱來的本能。

無論如何，珍惜你的生活中的點點滴滴和你周圍的人，因為這些都是你未來創業的籌碼。

企業家的定義是什麼？鍥而不捨地追求機會而不考慮資源。企業家的責任是要傳承發揚光大，而且，回饋社會。

第十一章

我在哈佛的日子

二〇一八年的八月十五日，我收到這封改變我的人生的郵件。

親愛的張女士：

我代表招生委員會祝賀你被錄取，並確認你將參加二〇一八年九月九日至二〇一八年九月二十七日的二〇一八年總裁經營管理班（Owner & Presidents Management, OPM）。我們很高興你將加入哈佛商學院，我們希望這將成為您整個職業生涯中專業發展的重要經歷。

當您安排旅行時，請計畫在二〇一八年九月九日星期日下午四點前到達校園，以保證您有充足時間在開學前入住校園。本次課程將於二〇一八年九月二十七日星期四下午結束。這些是大概的時間，您將在課程開始前收到更多詳細信息。

我錄取了哈佛商學院總裁經營管理班！

我難以置信地盯著這封錄取通知書！因為就在兩週前，我才收到了拒絕信，建議我明年申請。

我一點也不覺得驚訝或難過，因為我是在提交申請前幾天才聽說這個課程，只用了很短的時間在網上填寫並提交了申請表。聽說每年有將近四萬人申請哈佛的OPM，我完全期待著一封拒絕信。我對被拒絕沒意見——我從沒想過我會被錄取，當時的態度更多的是好奇。

所以當我收到錄取通知書時，你可以想像我的震驚。我想知道是什麼讓他們改變了主意？也許這個課程沒什麼大不了的。如果我能被錄取，那它一定不是那麼棒的課程。

但是我錯了！

OPM成立於一九七九年，多年來透過獨特的強化學習形式，教導企業家如何評估自己的優勢和劣勢，識別和利用新興機會，並改變他們的公司和職業生涯。OPM有三個密集單元分成三個學年來完成，每個單元都要在哈佛校園的商學院內住整整三個禮拜，每個學生都得住校，不可以遲到和早退，沒有任何人可以例外。

班上有阿拉伯的王子、千萬富豪、全世界一百強的公司經營者，全都得住在小到兩臂伸直就可以碰到牆壁的小宿舍，但沒人抗議。即便是家就在波士頓的同學也必須住校，沒有特例。這個決定是對的：正因為我們是朝夕相處，才能建立起深厚的友誼，對彼此的職業和個人發展都產生了極大的影響。

我的學習小組的八個成員，來自七個不同的國家、五種不同的宗教，我和Farah是女性，Farah是印度人，我是臺灣人。小組裡有一位非常年輕可愛的法國人——不用功，但是很會玩的小帥哥——後來才知道他是法國雷諾汽車公司的老闆的兒子，準備接班雷諾汽車公司執行長的職位。

班上也有一位來自阿拉伯的英俊少年，為人非常謙遜；我是到第二年才知道他竟然是阿盟聯合大公國阿布達比的王子，也是阿拉伯航空公司的董事。因為他的年紀和我的兒子差不多，剛認識時我特別喜歡和他講話，上課、下課一起開玩笑，我有時候甚至還叫他幫我印講義、在餐廳占位子；而他也從不抱怨、非常投入，完全遵守我的指令。這些事，在他的身分揭曉後，也成了我們之間開玩笑的趣事。現在，他叫我是他的臺灣媽媽，我說他是我的阿拉伯兒子。兩年前，他還邀請我兒子和他一起攀登吉力馬札羅山（Kilimanjaro Mountains）。

當我參加第一單元時，我的壓力很大。我充滿了自我懷疑，幾乎跟不上學習進度。我們必須從早上七點三十分到下午五點集體學習，然後我經常在吃完快餐後躲進貝克圖書館學習到午夜。我幾乎不和別人一起聚會，也沒有參加任何社交活動；我唯一想到的就是努力跟上學習進度。

第一單元進行到一半，我幾乎精神崩潰了。我過去住在孤兒院、為飢餓而掙扎，現在來到哈佛商學院、與世界上聰明的企業主在一起學習的對比，實在太強烈了。我想，哈佛在錄取我時犯了錯誤，於是去拜訪了OPM的院長阿南德（Anand）教授。阿南德教授對我說：「我們親自挑選最優秀的商業領袖參與OPM課程，不會有錯。去吧，去做妳一直在做的事。我們不能做妳能做的事，所以我們在這兒；妳去改變世界。」

也是在參加第一單元的時候，我萌生了寫一本書的想法。

因為同學們都比我早幾個月錄取，所以他們有足夠的時間研讀所有案例。所以，這三個星期我完全沉浸在案例研究、額外研究和家庭作業中，沒有其他任何活動。幸運的是，我有一個很棒的學習小組，他們從未讓我覺得我比不上他們，他們總是渴望幫助我。我也和我的中國同學在一起：我們經常聚在一起學習，互相幫助理解案例。

OPM的第二單元於二〇一九年十一月進行。這一次，我有更多的時間學習，感覺更適應了。我也帶著我的書《*The Alchemy of Hope*》來到了第二單元，這本書也登上亞馬遜暢銷榜。我們繼續學習金融理論、領導力、營銷、談判和策略。

OPM的第三單元本來預定在二〇二〇年十一月進行。但不幸的是，二〇二〇年三月新冠疫情改變了全世界，也影響我們的課程。本來應該是三年的課程延長到四年半。我們終於在二〇二二年三月三十一日畢業了。如果可以不畢業，我願意在哈佛再讀個十年。因為我對經營公司懂得太少，要學的太多了。但哈佛商學院的宗旨是：「要體面地賺取應該獲得的利潤；要為社會的更大利益做出貢獻，而不僅僅是為了個人牟利。」所以我們都要回到自己的崗位，努力為社會貢獻自己的力量。

偶而，我會在校園中漫步，停下來欣賞周圍的綠意和美景，不禁想到自己真的走了好長一段路，但也走到這裡了。我幻想我在天上的父母，也開心地陪著我上課！

OPM課程的經歷難以言表。我將嘗試總結我自己的主要收穫：

一、要為人謙遜

整個課程經歷令人謙卑。我們了解到，我們所有人，一百六十五位來自六十五個不同的國家，有著不同的宗教背景、年齡、種族和性別，都有同樣的困擾：我們都覺得不適應，我們都覺得別人知道的比自己多。直到第三年，我才知道我們班有多少億萬富翁，其中很多都是三十多歲。他們越成功，為人就越謙虛。真正成功的人是謙虛、低調的，而且他們慷慨捐贈慈善事業。

二、「學習」是終身的宗旨

學習一詞是指獲得新的理解、知識、行為、技能、價值觀、態度和偏好的過程。我意識到，要將 DSFederal 提升到一個新的水平，我必須願意保持謙虛，願意放棄我對事物先入為主的觀念。我明白了問「為什麼」而不是下達命令的重要性。如果認為自己什麼都知道，你就無法學習。許多案例研究的實際結果完全超出了我們對事物的主觀想法，真的讓我大開眼界。

保持領先的唯一方法是不斷學習。

三、要勇敢地做出改變

我無法確定改變發生的時間；它是逐漸的，然後是突然的。我們之所以能夠改變，是因為我們都慷慨地分享我們從自己的背景、知識和經驗中了解到的東西，我們都願意保持謙遜，從許多不同角度審視事物，最終，我們都改變了。我不再是第一單元裡那個一開始就覺得膽怯、不合群的自己。我不再是第二單元裡那個認為每個人都必須像我一樣努力學習的「正義人士」。在第三單元，我們都意識到愛是關鍵，凡事皆源於和止於「愛」。

四、我們必須熱愛所做的事情，我們必須致力於使世界變得更美好，我們必須「體面地賺取可觀的利潤」。

在第三單元中，我們遇到了這個問題：「你的本質是什麼？」我們一遍又一遍地問自己，最後領悟到，當我們獨自一人時，我們都是孤獨的；做公司的領導是孤獨的，但聚在一起時，我們是強大的。我們建立了相互支持的終身網絡，風雨同舟。我們意識到，獨自一人時我們都有不安全感和恐懼，但聚在一起時我們就變得強大和安全。我們的本質是愛。你可能會說「不來OPM，你也能知道生命的本質是愛」，而我想說的是，我在OPM了解到：「只有當我們在這個過程中發生轉變時，我們才能真正去愛。」

我要讓OPM以我為榮

畢業的前夕，我寫下了對自己的期許：

我是DSFederal, Inc.的創始人兼首席執行長，DSFederal是美國政府的首選健康技術公司，為改善人民健康提供創新和變革性的解決方案。DSFederal不斷地茁壯，連年平均增長15%至20%。DSFederal的大膽目標是，到二〇二六年，發展成為一家年收入五千萬美元、獲利率可觀的大公司，並且是聯邦政府在健康和安全領域提供變革性解決方案的首選。

DSFederal以連接健康數據和技術專長以幫助解決複雜的健康ＩＴ挑戰而聞名。我們提供變革性的解決方案，協助改善我們的國家醫療保健系統。在我和同仁的努力之下，DSFederal發展迅速，並已成為主要聯邦和州政府值得信賴的創新健康和安全解決方案供應商。

我熱中於為社會的難民和孤兒服務，尤其是為年輕女孩提供教育機會，她們可以通過教育改善自己的生活，並成為改變自己國家的領袖。DSFederal的非營利基金會在許多慈善活動中支持國際和當地社區。我致力於通過創業幫助建立經濟的可持續性。

畢業後我做的第一個決定就是，設立兩個全額獎學金給馬里蘭州立大學，在未來的十年裡，每年資助兩位清寒學生。我覺得這是我對哈佛的回饋，也是對所有教過我的教授們的最好感謝方法。

我餘生都會牢記哈佛的精神。我要讓OPM以我為榮！

第十二章

擁抱希望，點石成金

希望各式各樣、有大有小，只要一點小火苗就能讓我們精神煥發。我們要傾聽內心的願望，找出不斷前進的動力。先人為我們傳遞希望的火苗，這是代代相傳的禮物。有時，希望可能被貧窮或遺棄掩埋，但是只要仔細尋找，一定能找出內心的火花。

從小，父親就告訴我，我們身邊圍繞祖先的靈魂，就像手足一樣真實存在。對祖先要尊敬，祖先也會保佑、指引我們，而表達尊敬最好的方法就是好好發揮自己的潛能、光宗耀祖。先人把血脈傳承給我們，我們必須傳承下去。

我們要不斷探索自己的潛能，一步步完成夢想。思考自己這輩子想學習什麼，如果有需要，就設法尋求外援，並悉心呵護自己的天賦。

這些都是真實的事物。

不要讓自己受制於過去，而是讓過去激發你不斷成長。你想把棒子傳遞給哪些人？誰會因為你的貢獻而受益？

無論前途看似多渺茫，都要呵護心中的火苗，如此一來，就一定能走出黑暗、迎向光明。鼓勵其他人也這麼做，幫助他們看到內心的光芒，並憑藉希望度過難關，找出熱愛生命的力量。

讓自己點石成金，用希望改變世界！

傳遞希望的火苗

希望是一種信念，相信今天沒有達成目標也沒關係，因為我們還有明天。這就是希望的力量。如果可以將希望裝瓶分發，那該有多好！不過我們的確可以分享希望、傳遞希望的火苗。

每個人都能在日常生活中散播希望：與你關心的人面對面聊天；分享勵志的故事或令你微笑的照片；鼓勵身邊的人努力從事對他們來說有意義的事；問他們你能幫什麼忙；為自己說過的話或做過的事表示歉意；開車時讓別人先行；替陌生人扶住門。

世上的快樂無窮無盡。

心中充滿喜悅或期盼時，我們會變得更寬容、更有耐心，甚至提振身邊所有人的心情。微小的舉動可能改變一個人的一天。你要做那個把小石子扔到水裡、激起漣漪的人，漣漪效應的力量，遠遠超越小石子本身的力量。

遇到令你興奮的事，你會不會想告訴別人？通常，得知令我們開心的消息，我們會很想和別人分享；希望也一樣，希望的火苗無法阻擋或遏制。遇到挫折時，我們難免感到懷疑，但是希望促使我們繼續前進、熬過痛苦和恐懼。希望的力量比你面對的任何困頓都更強大。

無論遭逢疾病、財務問題、痛失親人或天災，希望都可以讓我們度過難關。把希望分享給別人，協助他人走出黑暗。只要陪伴在他們身邊，讓對方知道你關心他，就可能改變一個人的一生。

你可以散播希望的種子、激發身邊的人抱持希望，成為希望的代言人。想一想自己的經歷與過去成功的故事，將這份熱情傳遞給別人，並盡其所能地提供支持。

在我出生那天，父親寫詩預言我的一生。他替我設下願景，賜予我祝福。如果我的故事能夠鼓勵任何一個人，那就是最令我開心的事，我知道父親也會以我為榮。

回顧人生旅程，我看到自己一路上發現的真理，我沿途蒐集，就像蒐集寶石一樣。現在我將它們一一列出，如果可能的話，期盼這些寶石也能幫助你點亮前方的路、點燃希望，將恐懼轉化為充滿愛與喜悅的生活。

1. 老天讓我們活著，一定有原因。
2. 不要掩蓋，傷口才能癒合。
3. 只要擁有希望，做什麼都不會太遲。
4. 專注於自己擁有的。
5. 傳遞希望的火苗。
6. 好好愛自己和愛身邊的人。
7. 將恐懼轉化為希望，勇敢向前踏出一步。
8. 抬頭望向灑滿星光的夜空。
9. 將希望當成對抗絕望的解藥。
10. 向賦予我們生命的先人致敬。

結語

寫書的過程中，「恐懼」再次如風暴向我襲來。每當恐懼出現時，它的好友「懷疑」通常也會跟著浮現。我開始懷疑自己的故事值不值得講述？也擔心別人看了之後，對我的評價會不會變低了？另外，就像很多作者一樣，我也擔心分享我的故事，會對我所愛的人——尤其是我的孩子——造成影響？後來，我用「擁抱希望，點石成金」的十個原則，幫助自己度過這波恐懼來襲。

遇到這些時刻，隨著恐懼漸漸浮現，我會深吸一口氣，提醒自己還活在這個世界上，一定有原因，其中一部分就是分享我的故事。

我知道如果不說出自己的故事，只會掩蓋傷口，這樣傷口就無法癒合。

我相信這本書，至少能打動一個正遭逢困境、準備放棄的人，讓他了解只要保有希望，一切都不會太遲。

我專注於自己擁有的，並決心用這本書來紀念生活的點滴。我選擇運用自己的故事，讓自己充滿希望、慶祝生命。我心懷感恩、花時間好好愛自己。我愛那個走了這麼遠的小女孩，無論是陰暗或光明的部分，我都愛。

在此同時，我將恐懼轉化為希望：希望我能把故事說完、希望有人看到我的故事、希望我的故事對他們有幫助。

我仰望夜空，看到好多美麗的星星。我從身邊的傑出女性以及她們展現的勇氣中汲取力量，書裡許多故事都在向她們致敬。

我把希望當成解藥，用來對抗絕望。期盼看了這本書的人，在面對逆境時，能夠不畏艱難、繼續前進。

最後，我知道寫這本書是我的責任。我要向那些勇敢地走在前方、創造我生命的先人致敬。撰寫這本書的同時，我也點燃自己的潛能，交棒給下一代。

看著這十個描述，我的內心逐漸寧靜。我將恐懼和懷疑轉化為希望：希望有需要的人能夠看到這些文字、希望我的故事值得講述，並希望我必須分享的這些故事，會對我的孩子帶來正面的影響。

神奇的是，在我寫下這些文字的隔天，兒子友文為了慶祝國際婦女節，在臉書上發表一篇文章。他讚美我一路走來的旅程，讓我感動不已。這是我一直渴望得到、卻不敢要求的認可。我在本書也分享他寫的文章，希望能激發所有人慶祝、熱愛旅途中所有的陰和晴，並期盼大家都能「擁抱希望，點石成金」。

這本《希望的鍊金術》最先是用英文寫成的。書中搜集了我幾十年偶爾有感而發的散文。英文版二〇二〇年在Amazon上市後立刻成為暢銷書。這兩年來陸續有讀者在Amazon上分享這本書對他們的啟發，讓我看了很感動。我終於了解到寫這本書是有意義的。如果我的故事能在一些人的人生路途中指點一些光明，這樣我就覺得值得了。

疫情以來，我更感受到生命的無奈和珍貴。誠心希望各位讀者們也能勇敢地說出自己的故事來啟發別人。

讓我們相互鼓勵，回饋給我們這片美麗的土地上善良的老百姓。

附錄一：國際婦女節，獻給我的母親

祝我的母親張潔心（Sophia Parker）國際婦女節快樂。

我的媽媽在孤兒院長大，小時候遭受遺棄、虐待，但是她從未放棄，而是想辦法活出精彩的人生。她將弟弟妹妹撫養長大，要求我的祖父給他們一個家；她去撿破爛換食物；她上夜校、白天工作；她進入臺灣最好的高中；她自學英語；她來到美國，嫁給我的父親、環遊世界。

我的父母離婚後，她第一次進入公司上班，短短五年內，她成了那間公司醫療保健部門業績最好的銷售員。不過在為公司拿到一筆大合約的隔天，副總裁向她介紹一名男同事，說要讓他接手她簽下的客戶，甚至在討論交接的過程中，要她替他們倒咖啡。我的媽媽決定辭職，她打電話給我，我們一起成立了一間公司。當時她五十歲、我二十二歲。如今，那間公司有一百六十名員工，年收入二千三百萬美元。

這張照片是她受邀到參議院，為中小企業管理處作證那天拍的。在場許多觀眾聽

了她的故事都在流淚。（是的，旁邊看著她的是Eva Longoria。根據《華盛頓郵報》的一篇報導表示，沒有人記得Eva Longoria說了什麼，因為張潔心的證詞如此傷感、動人。）

我的母親講述童年的故事、為何來到美國，以及她現在的生活。她解釋她的公司DSFederal如何將一部分利潤捐給世界各地的孤兒。她讓他們看到用希望改變生活，能達到什麼樣的境界。

媽媽，我真的以妳為榮。

張友文（Michael J. Parker）

二〇一九年三月八日

附錄二：得獎殊榮

獎項名稱	頒獎單位	日期
哈佛商學院總裁經營管理班（Owner & President Management, OPM）畢業	哈佛大學商學院	二〇二二
二〇一九年美國馬里蘭州蒙哥馬利郡工商名人堂（Montgomery County Business Hall of Fame）	蒙哥馬利郡商業理事會（Montgomery County Business Council）	二〇一九
第七屆世界十大傑出華商婦女華冠獎（Top Chinese Business Women Award）	世界華人工商婦女企管協會（Global Federation of Chinese Business Women）	二〇一八
二〇一七年美國馬里蘭州蒙哥馬利郡中小企業年度領袖（2017 Montgomery County Chamber of Commerce Small Business Leader of the Year ）	蒙哥馬利郡商業協會（Montgomery County Chamber of Commerce）	二〇一七

二〇一七年華盛頓商業雜誌頂尖小型科技企業（2017 Washington Business Journal Top Small Technology Company）	《華盛頓商業雜誌》（*Washington Business Journal*）	二〇一七
二〇一七年華盛頓商業雜誌傑出女企業家（2017 Washington Business Journal "Women Who Mean Business"）	《華盛頓商業雜誌》	二〇一七
二〇一七年前百強少數族裔企業（2017 Top 100 MBE）	華府地區少數族裔供應商發展委員會（Capital Region Minority Supplier Development Council）	二〇一七
二〇一六年中小企業管理處傑出女性擁有企業（2016 SBA Top Woman-Owned Small Business）	美國中小企業管理處（U.S. Small Business Administration）	二〇一六
二〇一六年華盛頓商業雜誌頂尖小型科技企業（2016 Washington Business Journal Top Small Technology Company）	《華盛頓商業雜誌》	二〇一六

二〇一六年執行長雜誌基石獎（2016 Smart CEO Cornerstone Award）	《*Smart CEO*》雜誌	二〇一六
二〇一六年美國中小企業管理處年度人物獎（2016 U.S. Small Business Administration Person of the Year）	美國中小企業管理處（U.S. Small Business Administration）	二〇一六
二〇一五年健康科技創新獎：階梯安全應用軟體（2015 Federal Health IT Innovation Award, Ladder Safety App）	中小型新興承包商諮詢論壇（The Small and Emerging Contractors' Advisory Forum，SECAF）	二〇一五
二〇一五年美國泛亞裔美國商會優異獎（2015 US Pan Asian-American Chamber of Commerce Excellent Award）	美國泛亞裔美國商會（U.S. Pan Asian-American Chamber of Commerce）	二〇一五
二〇一四年中小型新興承包商諮詢論壇年度政府標案入圍獎（2014 SECAF Government Project of the Year Finalist）	中小型新興承包商諮詢論壇	二〇一四
二〇一四年經濟部中小企業處海外台商盤石獎	經濟部中小企業處	二〇一四

二〇一三年前五百成長快速私人企業第五十五名（2013 Inc. 500 Fastest-Growing Private Companies in America, #55）	《美國企業雜誌》（*Inc. Magazine*）	二〇一三
二〇一三年女性執掌企業前五百強（2013 Inc. 500 Top Woman-Run Business）	《美國企業雜誌》	二〇一三
二〇一二年全國亞裔美籍女性專業協會特別表揚獎（2012 National Association of Professional Asian-American Women Special Recognition）	全國亞裔美籍女性專業協會（National Association of Professional Asian-American Women, NAPAW）	二〇一二

國家圖書館出版品預行編目資料

希望的煉金術／張潔心（Sophia J. Parker）著. -- 初版. -- 臺北市：啟示出版：英屬蓋曼群島商家庭傳媒股份有限公司城邦分公司發行, 2022.07
面；　公分. -- (智慧書系列；20)

ISBN 978-626-95983-7-3 (平裝)

1.CST: 張潔心 2.CST: 自傳 3.CST: 臺灣

783.3886　　111009871

啟示出版線上回函卡

智慧書系列

希望的煉金術

作　　者／張潔心（Sophia J. Parker）
責任編輯／彭之琬
特約編輯／劉洋於今
版　　權／吳亭儀、江欣瑜
行　　銷／周佑潔、周佳葳
業　　務／黃崇華、賴正祐
總 經 理／彭之琬
事業群總經理／黃淑貞
發 行 人／何飛鵬
法律顧問／元禾法律事務所王子文律師
出　　版／啟示出版
臺北市 104 民生東路二段 141 號 9 樓
電話：(02) 25007008　傳真：(02)25007759
E-mail:bwp.service@cite.com.tw
發　　行／英屬蓋曼群島商家庭傳媒股份有限公司城邦分公司
台北市中山區民生東路二段141號2樓
書虫客服服務專線：02-25007718；25007719
服務時間：週一至週五上午09:30-12:00；下午13:30-17:00
24小時傳真專線：02-25001990；25001991
劃撥帳號：19863813；戶名：書虫股份有限公司
讀者服務信箱：service@readingclub.com.tw
城邦讀書花園：www.cite.com.tw
香港發行所／城邦（香港）出版集團
香港灣仔駱克道193號東超商業中心1F　E-mail: hkcite@biznetvigator.com
電話：(852) 25086231　傳真：(852) 25789337
馬新發行所／城邦（馬新）出版集團【Cite (M) Sdn Bhd】
41, Jalan Radin Anum, Bandar Baru Sri Petaling, 57000 Kuala Lumpur, Malaysia.
電話：(603) 90578822　傳真：(603) 90576622
Email: cite@cite.com.my
封面設計／沈佳德
排　　版／邵麗如
印　　刷／韋懋實業有限公司

■ 2022 年 7 月 21 日初版

Printed in Taiwan

定價 330 元

城邦讀書花園
www.cite.com.tw

 ISBN 978-626-95983-7-3